Yonquis emocionales

Yonquis emocionales

Cómo liberarnos de los pensamientos destructivos

ISABEL TRUEBA

DIANA

Obra editada en colaboración con Editorial Planeta – España

Bajo el sello editorial DIANA M.R.
Avenida Presidente Masarik núm. 111,
Piso 2, Polanco V Sección, Miguel Hidalgo
C.P. 11560, Ciudad de México
www.planetadelibros.com.mx

Primera edición impresa en España: enero de 2024
ISBN: 978-84-1344-271-6

Primera edición en formato epub en México: junio de 2024
ISBN: 978-607-39-1504-5

Primera edición impresa en México: junio de 2024
ISBN: 978-607-39-1451-2

Impreso en los talleres de Corporación en Servicios Integrales de Asesoría Profesional, S.A. de C.V.
Calle E #6, Parque Industrial Puebla 2000,
C.P. 72225, Puebla, Pue.
Impreso en México – *Printed in Mexico*

Mamá, este libro va por ti.
El amor es donde la paz se encuentra.
Me costó muchos años entenderlo,
tu ausencia dolía demasiado,
pero hoy siento cómo tu amor vive en mí
y es mi refugio en momentos de tormenta.

Índice

Prólogo

Querido lector, estás ante un libro que te va a hacer pensar. Un libro que requiere de un bolígrafo o un lápiz como compañeros para el viaje que vas a emprender. A través de sus páginas vas a poder ir anotando lo que cada línea, cada página y cada capítulo te va a ir enseñando. Irás poco a poco, adentrándote en un mundo de conocimiento y de comprensión. En definitiva, en tu mundo.

En algún momento pensarás que son muchas cosas, pero a medida que vayas a más en la lectura, las piezas del puzle encajarán para mostrarte finalmente un paisaje esclarecedor.

No pasa nada si no eres un experto en psicología, o en el comportamiento humano, tan solo hace falta que tengas curiosidad. Curiosidad por aprender, por analizar qué pasa a tu alrededor y en tu vida.

Como psicóloga en el Instituto Rojas-Estapé, he escuchado cientos, miles de historias. Historias que siempre empezaron de una forma dramática, que tuvieron su dosis de malestar, sufrimiento y dolor. Pero también historias que, con tiempo y trabajo, se han convertido en relatos de supervivencia. No en una supervivencia como la del que está en un barco a la deriva —eso ya te lo relata la autora en sus páginas—, sino una supervivencia a las pequeñas cosas del día a día, que vividas desde un buen prisma hacen que uno vea el mundo como un lugar fantástico en el que poder ser feliz.

La felicidad es el gran anhelo de todo ser humano. No conozco a nadie que no quiera ser feliz. Pero, por desgracia, sí que conozco a gente que no está dispuesta a hacer lo que tiene que hacer para ser feliz. Entiendo entonces, querido lector, que al comprar este libro no eres uno de ellos.

A lo largo de la vida, la felicidad ha ido adquiriendo distintas definiciones. Para Platón, la felicidad residía en el amor. Sin embargo, Aristóteles expuso que la felicidad consistía en el bien, conocido como lo que todos *apetecen*, aquello que es capaz de saciar la más profunda sed del hombre. Kant, en el siglo XIX, dijo que la felicidad era una utopía que solo residía en la mente humana. Martin Seligman, padre de la psicología positiva, explicó que consistía en la capacidad para detenerse más en lo bueno que en lo malo.

Ya en sus últimos años, Julián Marías, en su libro *La felicidad humana*, dijo que «la felicidad es un imposible necesario», mientras que Tal Ben-Shahar, profesor de Felicidad en Harvard (así se denomina él a sí mismo), expone que es el bienestar físico, psicológico y social.

En definitiva, la felicidad es la capacidad de disfrutar del momento presente, habiendo cerrado las heridas del pasado, y con cierta proyección en el futuro. Ese vivir el presente tiene que ir anclado con un proyecto de vida sabiendo educar nuestra voz interior y nuestra visión de lo que me ocurre. Todo ello, teniendo una voluntad formada.

Quiero dar ciertas pinceladas sobre cada uno de estos puntos.

Las personas que se quedan ancladas en el pasado terminan desarrollando una personalidad negativa, con aristas depresivas. Generan, al mismo tiempo, una capacidad extraordinaria y terrible, al ver casi exclusivamente lo negativo en todo lo que hay y ocurre a su alrededor. Analizan y anhelan cualquier tiempo pasado. Desprenden un resentimiento por todo lo no hecho, lo no vivido, lo no conseguido, lo que les convierte en personas grises, cenizas.

Por otro lado, se encuentran aquellas personas que están constantemente proyectándose en el futuro. Piensan en el mañana, en lo pendiente, o en qué deben de realizar. Este tipo desarrolla una forma de ser ansiógena. Todo es necesario y todo tiene que ser para ya. Esto les lleva a padecer lo que se conoce por *cronopatía*, la necesidad de aprovechar el tiempo, de no tener un minuto libre o de organizar cada hora.

El segundo punto para poder alcanzar esa felicidad razonable es tener bien educada nuestra voz interior y nuestra interpretación de la realidad.

Todos tenemos en nuestro interior una voz que va comentando nuestro actuar, o nuestra forma de estar en cada situación. Esta voz analiza el entorno y destaca, por regla general, aquello en lo que deberíamos mejorar. Sin embargo, esto tiene que servir para potenciarnos y no para sacar lo peor de nosotros. De ahí que la persona que educa su voz, que aprende a vivir sin machacarse y dándole una justa medida a todas aquellas cosas que le ocurre, es realmente la que puede disfrutar del momento presente.

Asimismo, la felicidad depende de cómo ves el entorno. De ahí la importancia de aprender (y enseñar) a ver desde pequeños que lo que ocurre siempre puede ser visto como un acontecimiento positivo.

Tampoco olvidemos que la felicidad está unida a saber qué quiero en la vida. A tener un proyecto. Ésta es la hoja de ruta que toda persona debe tener a lo largo de su vida. Una hoja de ruta, que si bien puede variar con los años, lo mejor es que se mantenga firme con cuatro ingredientes indispensables: amor, trabajo, cultura y amistad. Y todo ello potenciado con una voluntad firme, recia.

La voluntad es la joya de la corona de la conducta. Si uno quiere conseguir algo, lo logrará con ella, con la capacidad para sobreponerse todos los días a las adversidades y aun así seguir luchando por ese sueño que cada uno lleva dentro. La voluntad es alcanzar mi meta con los objetivos que me haya marcado e irlos consiguiendo. Porque una persona con voluntad llega más lejos que una persona inteligente. Sabe posponer la recompensa y no vive enganchado en la emoción del instante, sino que sabe dosificar y controlar sus impulsos.

Voz interior, educar la mirada, tener un proyecto de vida y trabajar la voluntad son las cuatro herramientas para poder alcanzar esa felicidad, ese vivir en el momento presente que tanto deseamos.

Por eso, cuando Isabel me propuso el prólogo de este libro no pude evitar decirle que sí. Para mí es un verdadero placer escribir estas líneas antes de este texto tan acertado que te va a adentrar en el método BEGROW. Un método en el que te recomiendo que te dejes imbuir, donde seguro descubrirás lugares en tu interior que te darán mucha luz para poder comprenderte. Pues como dicta el lema del Instituto Rojas-Estapé: «Comprender es aliviar». Alivio es lo que vas a encontrar cuando termines el método BEGROW. Te va a enseñar a conocerte, a aceptarte, y todo ello a superarte.

Como dice mi padre, el doctor Enrique Rojas, «la clínica es la gran maestra: enseña más que muchos libros», pero si a la clínica le acompaña un gran libro, entonces no sólo uno se entiende y se comprende, sino que además aprende a gestionarse sabiendo sacar la mejor versión de uno mismo. Y así se consigue una conducta más armoniosa, poniendo orden en el alma y así encontrar el sentido a tu vida.

Isabel Rojas-Estapé,
psicóloga en el Instituto Rojas-Estapé

1

Todo comienza con el deseo de querer ser mejor

Me gustaría contarte una historia. Hace tiempo, un hombre encontró un capullo de mariposa que parecía abierto y se acercó a observarlo. Vio cómo la mariposa había comenzado su hazaña de salir del capullo y se emocionó. Fue pasando el tiempo, pero el avance de la mariposa era muy muy lento... En dos horas apenas había sacado unos milímetros de su cuerpo por la pequeña abertura. El hombre pensó: «Pobre mariposa, el agujero es tan pequeño que va a llevarle una eternidad salir». Entonces decidió ayudarla y con unas tijeras cortó el agujero para hacerlo más grande.

La mariposa salió rápidamente. El hombre la observó encantado, esperando que desplegara las alas y echase a volar. Pero eso no sucedió. La mariposa se quedó mustia, con las alas pegadas, y nunca fue capaz de volar. Esto se debe a que el esfuerzo que debía hacer para salir por el pequeño agujero era lo que necesitaba para llevar la sangre a sus alas y poder volar. Era un proceso duro, lento, pero necesario. El hombre, en su afán de ayudarla y evitar su dolor, no fue consciente de que había minado su posibilidad de evolucionar.

La vida muchas veces nos pone obstáculos. Nos hace pasar por agujeros difíciles, de los que parece imposible salir, nos coloca personas al lado que nos cuesta gestionar. La vida nos entrega un poco de todo, y no siempre la solución más rápida o sencilla es la mejor. Solamente manteniendo la paciencia, la confianza, la perseverancia y la serenidad, llegará el momento en que podamos entender cuál era el propósito de ese momento complicado. Porque no siempre recibimos lo que deseamos, pero, con confianza, acabaremos recibiendo todo lo que necesitamos.

> Pedí valor y la vida me trajo miedos a los que enfrentarme.
> Pedí fuerza y la vida me trajo obstáculos que superar.
> Pedí amor y la vida me trajo personas a las que ayudar.
> Pedí alegría y la vida me trajo momentos de tristeza que valorar.
> Pedí paz y la vida me trajo tormentas que amainar.
> Nunca recibí lo que pedí, pero nunca me faltó de nada.

Esta historia se grabó en mi mente hace años. Entonces pasaba por un duelo personal doloroso, buscaba una reinvención profesional y esperaba que el universo se ordenara a mis pies. Sin embargo, en algún momento, llegué a comprender que no era la vida la que debía rendirse ante mi voluntad, sino que era yo la que tenía el poder de poner orden en mi caos interior para mostrar mi mejor versión y disfrutar de la vida. Yo era la que decidía aprovechar los desafíos y tomarlos como oportunidades de aprendizaje, mi responsabilidad era evolucionar y emprender nuevamente el vuelo desplegando las alas para salir del túnel.

Hoy quiero agradecerte que estés leyendo estas páginas, porque tengo que reconocer que en más de una ocasión dudé que alguien algún día lo hiciera. He tardado más de tres años en sentarme a escribir, desde que la idea de hacerlo me empezase a rondar por la cabeza. Nunca he sido una persona de letras y este libro era un gran reto para mí. No me creía capaz. Pero mi deseo de ser mejor, y de ayudar a otros a serlo, superó con creces mis miedos y creencias limitantes.

Todos experimentamos momentos en los que nuestra confianza se desvanece. Todos, durante nuestra travesía por la vida, esperamos que ésta nos trate bien. Esperamos que los malos momentos no lleguen nunca, los esquivamos o buscamos personas que nos salven del caos. Pero la realidad es como un viaje oceánico: un trayecto lleno de sorpresas impredecibles. Navegamos por la incertidumbre entre momentos de calma y terribles tormentas que amenazan con acabar con nosotros. Pero al final sobrevivimos. Porque somos infinitamente más poderosos de lo que creemos. Y es que esas creencias limitantes, esos pensamientos que te asaltan representan únicamente el pedazo de océano que alcanzas a ver desde tu barco, pero no representan toda la realidad, repleta de posibilidades. Puedes centrar tu atención en la tormenta cuando te envuelve y convencerte de que acabarás en el fondo del mar, porque tal vez no estás buscando el sol que te espera a pocos metros. ¿Y qué sucede cuando no eres capaz de ver más allá? Que dejas de creer.

Y es que la vida también se construye a partir de las historias que nos contamos sobre las experiencias por las que navegamos. Como seres humanos interpretamos la realidad a través de nuestros pensamientos, basados en lo que observamos en el presente, en nuestros recuerdos del pasado y en el temor al desconocido futuro. Ese diálogo interno tiene la capacidad de hacernos sentir poderosos o incapaces. Felices o miserables. Cuando te sientes poderoso, tomas la iniciativa para superar las tormentas, pero si te sientes incapaz, lo más seguro es que te paralices y te dejes llevar. El juego de la vida consiste en explorar realidades que te empoderen y que te brinden la oportunidad de sobreponerte.

Gracias a ese poder que entrené en su momento y gracias a las ganas de ser mejor y de vivir mejor, hoy nos encontramos aquí. Si me hubiera dejado arrastrar por la oscuridad de la tormenta, este libro jamás habría visto la luz. Si hubiese esperado a que alguien intentara ayudarme a salir del capullo, en vez de realizar mi trabajo personal, no podría ahora plasmar mis aprendizajes en este libro y compartirlos contigo.

Más adelante profundizaré en estos temas, pero, una vez más, quiero agradecerte tu confianza y también felicitarte de corazón por estar dedicando tu tiempo a tu crecimiento y tu desarrollo personal. En el inmenso océano identifico dos tipos de personas: aquéllas que se dejan llevar por las corrientes, resignándose y esperando que alguien las salve, y las que valientemente despliegan las velas, cogen el timón y siguen avanzando en busca de las oportunidades que les brinda el horizonte. Que estés leyendo este libro confirma que ya has decidido levantar las velas y aprender a navegar. Has decidido no quedarte mirando el cielo esperando que siempre luzca el sol. Has optado por prepararte para sobrevivir a las tormentas a fin de que no te impidan llegar a tu destino. Enhorabuena, de verdad.

1.1. Quiero, pero no actúo

Pasamos la vida desarrollándonos, como hacen las orugas, buscando convertirnos en seres eficaces, felices y exitosos. Queremos desarrollar la mejor versión de nosotros mismos y, para lograrlo, ponemos mucho empeño en estudiar, nos esforzamos y nos fijamos metas que nos ayuden a llegar al destino que deseamos. Tenemos claro cómo nos van a ayudar esas metas, sin embargo, a menudo nos frustramos porque no damos el paso definitivo: la acción. Queremos hacer muchas cosas, pero no las hacemos. Si reflexionamos, en realidad no debería ser tan complicado: si me propongo cuidar mi salud, sólo tengo que comer bien y hacer deporte. Si aspiro a un ascenso en mi trabajo, sólo necesito formarme y convencer a mis superiores de que soy la persona adecuada. Si deseo cultivar relaciones felices con mi pareja o mis hijos, bastaría con quererlos, cultivar la paciencia y respetar su forma de ser. Pero cuando llega el momento de ponerme las zapatillas y salir a correr me quedo en el sofá, cedo ante la tentación de esa hamburguesa, abandono aquel curso en el que me inscribí, me hago pequeño ante mi jefe y pierdo la paciencia con los niños.

Entonces ¿qué es lo que pasa? ¿Por qué a la hora de la verdad te resulta tan complicado actuar como te gustaría hacerlo? ¿Qué hace que te cueste tanto cumplir con esas metas que son tuyas?

La respuesta es sencilla: tus emociones. Las emociones son las responsables de las incoherencias entre tus deseos y tus acciones. Son las que condicionan tu conducta y las consecuencias que ésta tiene en tu vida.

Tu mente funciona mediante patrones aprendidos que se activan automáticamente y algunos de ellos no te ayudan a superarte ni a ser mejor. Estos patrones impactan directamente en tus pensamientos, emociones y comportamiento. Profundizaré en este tema en capítulos posteriores, pero mi mensaje aquí es claro:

No se puede tener una mente negativa y una vida positiva.

La mayoría de las personas no son conscientes de que la mente puede ser entrenada. Desconocen que es posible influir de manera positiva en esos pensamientos y en esas emociones y conseguir desarrollar una mente eficaz y feliz. Otras pueden haber escuchado que es posible lograrlo, pero no saben cómo hacerlo. Además, la sociedad actual anima a buscar fuera las soluciones sin tener en cuenta la variable más importante: uno mismo.

Lo natural es buscar respuestas y encontrar culpables fuera de uno mismo cuando nos enfrentamos a situaciones complicadas. Culparemos a la suerte, al jefe, a la pareja, a la familia, al dinero o a la salud. Y uno se pasa media vida frustrándose sin comprender por qué no es capaz de hacer y de sentir lo que desea. Algunas personas consiguen un cambio cuando la vida las rompe, como me ocurrió a mí.

Pero yo quiero que no esperes a que la vida te rompa para dar lo mejor de ti.

Éste es el motivo por el cual decidí escribir. Conseguir que el mayor número de personas posible que se encuentran sin salida aparente aprendan a hallar soluciones en vez de quedarse atascados en los problemas.

No importa si esas metas o esos sueños son personales o profesionales. Es importante entender que no debemos separar el desarrollo personal del profesional, ya que ambos están entrelazados. El crecimiento personal tiene un impacto directo en la vida profesional, del mismo modo que una carrera gratificante nos ayudará a sentirnos activos y satisfechos.

El propósito de este libro es darte una fórmula sencilla y efectiva para que sepas cómo crear nuevos «pilotos automáticos» que te impulsen y ayuden a convertirte en la persona que quieres ser. Deseo de corazón que aprendas a generar las emociones que necesitas, como la seguridad, la motivación y la serenidad, para que te permitan actuar lo mejor posible, enfrentarte a los retos de la vida con templanza y tomar mejores decisiones, algo que te ayudará a alcanzar esos objetivos de vida y sentirte feliz. Si trabajas cada día para ser y para estar mejor, sentirás que la vida tiene un gran sentido.

Y para cumplir con esta promesa que te hago, te voy a desvelar en este libro mi método BEGROW. Un método que ya ha conseguido entrenar a muchas personas con éxito. Un método que combina neurociencia, inteligencia emocional y toda mi experiencia personal y profesional. He introducido, además, muchas herramientas prácticas para que puedas ponerte en marcha desde ya. No es un libro de teoría pura, sino una fórmula que combina conocimiento y práctica. Para que puedas sacarle todo el partido a este libro —como si fuera las alas de la mariposa—, mi consejo es que no sólo lo leas y lo dejes en la estantería. Aprovecha los ejercicios prácticos para evolucionar. Los puedes utilizar tantas veces como los necesites durante el resto de tu vida. La idea es que se convierta en tu libro de cabecera: consúltalo siempre que te sea necesario, subraya, toma notas, escribe reflexiones...

Como irás averiguando durante este viaje que te espera, conseguir desarrollar tu mejor versión lleva su tiempo, sí, pero, igual que le ocurre a la mariposa, la recompensa merecerá la pena.

Cuanto más utilices las técnicas, más rápido llegarás a volar.

Mientras tanto, disfruta del camino.

2

¿Quién soy yo para hablarte de esto?

¿Sabes que las abejas no deberían volar? Según las leyes de la física, su cuerpo es demasiado pesado para unas alas tan pequeñas. Su energía es más fuerte que las leyes físicas y, sobre todo, no se plantean no hacerlo porque nadie les ha dicho que no deberían volar.

Te confieso que durante años escuché infinidad de voces que me decían que no era capaz de volar, de lograr mis objetivos. Algunas eran ajenas; otras, mi propia voz interior. Y el problema fue que les di poder a esas voces, llegué a creer tanto en ellas que me perdí. Entré en una rueda de hámster y mi vida se convirtió en una carrera sin fin y en una lucha para llegar a ser ese personaje que me había inventado: una *superwoman*. Buscando ese objetivo tomé numerosas malas decisiones.

Creí de verdad que ser una superejecutiva, una madre perfecta y estar siempre fuerte y bien era el camino hacia la felicidad y, durante años, me sentí insatisfecha porque ese objetivo no era real. Mi propia voz me machacaba diciéndome que tenía que luchar para ser alguien, que no podía permitirme estar mal y que la ansiedad que sentía no merecía mucha atención. Hoy mi visión es completamente diferente y quiero contarte cómo he llegado a este momento.

Soy la única chica de cuatro hermanos. Mi padre ha sido un empresario de éxito y desde nuestra infancia nos esforzamos todos por estudiar y formarnos en muchas disciplinas con el objetivo de asegurarnos un futuro próspero siguiendo sus pasos. En mi caso, estudié cinco años de solfeo, siete de piano, también guitarra, jugaba al tenis y aprendí a esquiar desde muy pequeña. Pasé un año escolar en Estados Unidos, varios veranos en Francia, estudié la carrera de Publicidad y Relaciones Públicas y hasta un máster en una prestigiosa escuela de negocios.

Y así llegué al mundo empresarial, muy joven, con un currículum impresionante, pero, eso sí, sin haber invertido ni un instante en desarrollar mi inteligencia emocional y sin comprender el significado de la vida. Había pasado tantos años atrapada en la rueda de hámster que no había tenido tiempo de profundizar en lo más importante: yo misma.

A los treinta y cuatro años era socia de la empresa en la que trabajaba y viajaba por el mundo expandiendo el negocio en diferentes países. Ya era madre de tres hijos y disfrutaba de la vida en pareja que mantengo hoy. A simple vista, podría parecer que había rentabilizado todos esos años invertidos en mi desarrollo profesional. Sin embargo, lo que no se apreciaba era la carga emocional que se acumuló en mi interior durante ese tiempo: el estrés de un trabajo que no me apasionaba y al que dedicaba demasiadas horas, la ansiedad que me aplastaba por la responsabilidad laboral y la culpa por no ser una madre presente se convirtieron en mi realidad paralela. Convivía con esas emociones a diario, pero normalicé la situación creyendo que era la mejor forma de gestionarlo. Ignoré mis emociones, me colgué la capa de *superwoman* y seguí adelante sin reflexionar. Gran error. No escuchar esas emociones me impidió conectar con mi esencia y reconocer que había cosas que no estaba haciendo bien. Estaba tomando malas decisiones y las justificaba para no sentirme mal conmigo misma. Decisiones como no haber disfrutado de mis bajas maternales o no ser capaz de buscar otro trabajo por miedo a no saber hacer otra cosa. No era fácil reconocer que mis prioridades no estaban en el orden correcto, que ponía el trabajo por delante de mi familia y que no vivía por mí, sino por un estatus profesional. Para evitar el dolor, me estaba autoengañando y me justificaba, pues a corto plazo es más sencillo mirar para otro lado que mirar hacia dentro. Las emociones y el murmullo constante de la mente no se pueden ignorar, pero yo lo hice y, al final, acabé estallando como una olla exprés. Mi salud se vio afectada y vivía enfadada todo el tiempo. Era una esclava de mis emociones destructivas y no había espacio para las emociones que realmente me podían ayudar.

En julio de 2009 mi madre fue diagnosticada de un cáncer en estadio IV y mi mundo se derrumbó. Estaba tan débil emocionalmente, iba tan sobrecargada y tenía tan pocas herramientas que no supe gestionarlo. En una familia rodeada de hombres, ella era mi pilar, mi confidente, mi apoyo, el ejemplo a seguir. Desde el primer día no supe enfrentarme a la situación. La angustia se apoderó de mí durante un año y diez meses, hasta que finalmente nos dejó. Y con ella se fue una parte de Isabel. No sabía cómo soltar su mano, no quería dejarla ir. Con el tiempo la angustia se hizo más grande, más pesada. No sabía cómo recuperar la paz. Aquella *superwoman* dejó de existir —bueno, la realidad es que nunca existió—. Pero en toda esa oscuridad encontré mi rayito de luz al final del túnel: los miles de mensajes que recibí de personas que me hablaban de mi madre. Esos mensajes me reconfortaban y fueron un punto de inflexión para mí. Mi corazón roto encontraba consuelo en el amor. El amor que mi madre había sabido dar a aquéllos que la conocían había dejado huella para siempre en todos nosotros. Por eso dolía tanto su ausencia, pero, al mismo tiempo, fui consciente de que jamás se iría del todo porque su luz se quedaba aquí en cada uno de nuestros corazones.

Entonces, una noche en la que el vacío de su ausencia me impedía dormir, comencé a hacerme una serie de preguntas que surgían como regalos a modo de reflexión:

> Y, si yo muero mañana, ¿qué huella habré dejado?
> ¿Cómo quiero que sea ese legado?
> ¿Mi modo de vida actual me acerca o me aleja de esa persona que quiero ser?
> ¿Mi modo de vivir y sentir es coherente con mi esencia?
> ¿Qué me hace realmente feliz?
> ¿Cuáles son mis prioridades?
> ¿Qué decisiones no estoy tomando correctamente?
> ¿Qué me está impidiendo tomarlas?

Y a medida que contestaba esas preguntas, me daba cuenta de que había pasado muchos años viviendo con una venda en los ojos, buscando a ciegas ser feliz en los lugares equivocados. Fui consciente, también, de esa carga emocional que me impedía avanzar por el camino que en el fondo deseaba y que eso me estaba quitando también la paz. Me había olvidado de que la razón y el corazón van de la mano. Me había olvidado de cuál era mi propósito de vida, de aquello que de verdad me hacía feliz. Había dejado de priorizar correctamente y llevaba años viviendo en piloto automático, metida en la rueda de hámster, sin permitirme parar.

Me había instalado en el hacer para llegar a ser alguien importante, sin darme cuenta de que sólo por ser ya era importante.

En ese momento decidí que lo primero que quería hacer era reordenar mis prioridades y mi equilibrio emocional y comencé mi máster de Crecimiento personal. Empecé a devorar información sobre cómo sanar esas emociones y transformarlas en ilusión, motivación y serenidad: cursos, certificaciones, libros, vídeos, conferencias... me ayudaron a entenderlo todo. A entender que yo era la única que podía salvarme de esa sensación de no estar conectada conmigo, y fui consciente de que gran parte de mi problema venía de una excesiva autoexigencia que no me permitía ser yo misma.

Comprendí que mi superpoder no era una capa roja con el lema «puedo con todo», mi superpoder se llama neuroplasticidad.

La neuroplasticidad es la capacidad del cerebro para aprender creando nuevas rutas neuronales. Hasta entonces, mi mente seguía unos patrones aprendidos (en piloto automático) que me llevaban a buscar el éxito profesional como prioridad, y esos patrones justificaban mis actos y no me dejaban ver más allá. Al ampliar mi visión de la realidad, descubrí que tenía otras alternativas de vida mucho más coherentes y que lo que me impedía avanzar por esos caminos eran esos patrones emocionales. La neurociencia me enseñó que mi mente podía aprender a pensar, sentir y actuar de otra manera, y me puse manos a la obra. Al principio me costó. Aprender a mirarme dentro, a aceptar que no ser perfecta también está bien, y tener la voluntad todos los días de hacer algo que me ayudase a avanzar no era fácil. Del mismo modo que no es fácil montarte en una bicicleta por primera vez. Pero, con el tiempo, mi mente fue incorporando esos nuevos patrones que me ayudaron a tomar decisiones importantes que eran buenas para mí y a calmar mis emociones destructivas.

Hoy puedo contarte que he recuperado la salud. Conseguí vencer mis inseguridades y el miedo a equivocarme y me reinventé profesionalmente con cuarenta años para trabajar en algo con lo que disfruto enormemente. Vivo cada día de mi vida como un regalo y soy capaz de afrontar los golpes con mucha más serenidad que entonces. Tengo la habilidad de regular mis emociones con mayor consciencia y soy capaz de modelarlas para que jueguen a mi favor. Por supuesto, sigo aprendiendo y sigo mejorando, pero esa certeza de estar en el camino adecuado me proporciona paz.

Gracias a mi experiencia estoy aquí, ayudando a otras personas a desarrollar ese superpoder de una manera mucho más rápida y eficaz de la que yo fui capaz de hacer. Porque si lo estás dudando, déjame decirte que tú también tienes ese superpoder. Todos los seres humanos lo tenemos y por eso escribí este libro.

Quiero llevarte de la mano para que al terminar este viaje tengas tu manual de instrucciones sobre cómo lograr utilizar ese superpoder. Que aprendas a desarrollar una mente emocionalmente eficaz y feliz, que te va a permitir alcanzar esos objetivos de vida, y dejar de ser una marioneta de tus emociones destructivas.

Deseo de corazón que este libro te ayude.

3

Transformando adversidades en triunfos: mentalidad BEGROW

El cien por cien de las personas que acuden a mí expresan la misma inquietud: «Isabel, llevo tiempo intentando cambiar esto o aquello, he leído libros, me sé la teoría de memoria, pero luego, cuando llega el momento, emociones como la rabia o el miedo se apoderan de mí y no me dejan actuar como me gustaría». ¿Te suena?

Muchos llegan con un alto grado de frustración porque en su cabeza tienen una idea de lo que les gustaría cambiar: su temperamento impulsivo, conseguir motivación para atreverse a tomar una decisión difícil, ser perseverante para mantener hábitos saludables, reducir la ansiedad o mejorar una relación con alguien.

Saben qué deberían hacer para conseguir su objetivo y, sin embargo, no son capaces de actuar. Me cuentan confundidos que en su interior existen dos fuerzas opuestas, similares a dos personajes que desean algo diferente. Uno de ellos sabe cuál es el buen camino a pesar de que no siempre sea el más sencillo de recorrer, mientras que el otro se deja llevar por lo fácil y placentero.

Esa sensación de lucha interna tiene una explicación de la que enseguida voy a hablar, pero antes voy a contarte las historias de Fernando y Davide.

Fernando Vega de Seoane es un padre de familia de cuatro hijos, felizmente casado y con un negocio que le permite tener una buena vida. Le gusta mucho viajar y, en enero de 2022, en un viaje de esquí con unos amigos, un golpe contra un árbol lo dejó en silla de ruedas. Tal y como él cuenta, en un segundo fue consciente de que no iba a volver a andar. Notó cómo su espalda se rompía y supo que había sido un accidente con consecuencias graves. Él cuenta que los primeros cinco o seis segundos se quería morir, el mundo se le vino abajo, pero, en una décima de segundo, algo le hizo cambiar la historia que se estaba contando y decidió que su vida en el fondo no iba a ser tan diferente. Al fin y al cabo, seguía vivo, tenía a su familia, a sus amigos, su empresa y su cabeza. En una entrevista que tuve el placer de hacerle me decía: «Decidí que mi vida seguiría igual, lo único que cambiaba es la manera de moverme por ella». Fernando ingresó en el hospital y le dijeron que tardaría mínimo seis meses en salir de allí. En tres meses ya le habían dado el alta para alegría y sorpresa de los médicos que le trataron. Su actitud y su optimismo no sólo le ayudaron a recuperarse físicamente en un tiempo récord. En menos de un año estaba jugando al golf, enfrentándose a retos de natación en mar abierto y se ha convertido en un referente de superación para muchas personas. Fernando es un claro ejemplo de cómo una adversidad puede convertirse en un triunfo si sabes dirigir tus pensamientos y tus emociones adecuadamente. Él nunca se ha dicho nada que no sea real. Podría haberse quedado con la primera idea de que la silla de ruedas le iba a hundir la vida, sin embargo, tomó la decisión de ir más allá y buscar otras formas de interpretar lo que le había ocurrido. Decidió dar poder a aquello que no había cambiado en su vida, sus pilares seguían ahí y se agarró a ellos con fuerza.

Él es un ejemplo real de que todo lo que vas a encontrar en este libro es posible. Si te apetece conocer su historia de primera mano, búscalo en Instagram. También tiene un libro publicado: *Si la vida te da limones, pide tequila*. Os recomiendo seguirle la pista. Puedes ver la entrevista que le hice en mi canal de Instagram (@isabel_trueba) y en YouTube.

Davide es italiano y tuvo una vida familiar complicada. Durante una época, se refugió en la noche, pero finalmente pudo reconducir su camino gracias al deporte. Conoció el amor y se trasladó a España muy joven. Con veinticuatro años ingresó muy enfermo en el hospital y estuvo en coma por una meningitis que casi le cuesta la vida. Cuando despertó, le habían amputado las dos piernas y los dos brazos. Joven, deportista y, de un día para otro, sin piernas ni brazos. También tuve la suerte de entrevistarle y conocerle y, curiosamente, su reacción fue muy similar a la que tuvo Fernando. Desde el primer día agradeció estar vivo y prometió entrenar su nuevo cuerpo y su mente para recuperarse y disfrutar del regalo de la vida y del amor con su pareja Cecilia.

Hoy Davide no para quieto. Compite como deportista y no ha faltado a su palabra. Es una maravilla verlo correr y saltar sobre sus prótesis y escucharle es un regalo. También tiene un libro escrito junto a su pareja Cecilia Cano, *Arriba la vida*, e imparte conferencias a jóvenes en las que comparte su historia y les hace ver que la felicidad es una decisión propia y no depende de lo que te ocurra.

¿Qué tienen en común Fernando y Davide? La capacidad de interpretar lo que les pasó de manera que los impulse emocionalmente hacia arriba. La capacidad de ver su experiencia dolorosa como un reto, como una oportunidad de ser más felices y ayudar a otras personas a serlo a través de su ejemplo. Los dos aceptaron que no podían cambiar lo que les había ocurrido, pero podían seguir disfrutando de la vida de otra manera. Los dos entrenaron su mente para que a pesar de los momentos difíciles, que por supuesto los tienen, prevalezca en su diálogo interno una realidad que les permita mantenerse motivados, felices y agradecidos. Han ejercitado su neuroplasticidad, pero, sobre todo, han decidido que ellos son los protagonistas del guion de su historia. Han decidido que esa historia siempre tenga un final feliz.

Como explica Joe Dispenza en su libro *Desarrolla tu cerebro*: «La neuroplasticidad es la capacidad de cambiar nuestra mente, a nosotros mismos o la percepción del mundo que nos rodea, es decir, cambiar nuestra realidad». Para conseguirlo, necesitas no sólo saber hacerlo (teoría), sino tener herramientas que te permitan entrenar tu mente para conseguirlo (práctica). Éste es el objetivo de este libro y de mi trabajo: proporcionarte esas herramientas y que tu filosofía de vida te acerque a donde desees estar.

Hace unos años, yo me sentía como esas personas que acuden a mí hoy. Conocía la teoría de muchas de las cosas que podía hacer para actuar correctamente y sentir equilibrio emocional, pero no era capaz de actuar y de gestionar esas emociones con inteligencia. Durante los años que estuve estudiando aprendí técnicas de coaching, inteligencia emocional, coaching por valores, eneagrama, PNL..., infinidad de herramientas que me ayudaban a comprenderme mejor, y es cierto que avanzaba, pero la diferencia la marcó el curso de neurociencia para coaches que realicé con mi querido David Gómez y con Isabel Sousa. Fui consciente de por qué la mente se resiste tanto a modificar nuestros comportamientos más automáticos. Entender cómo funciona el cerebro me ayudó a poder crear un plan para entrenarlo y conseguir que funcionase a mi favor. Entender que todo lo que ves, sientes o escuchas lo haces a través de tu filtro emocional me dio la clave. La mente emocional no puede separarse de la racional, y sólo cuando viven en equilibrio, conseguimos nuestra mejor versión.

Estuve varios años desarrollando diferentes metodologías hasta que por fin nació **BEGROW**. La palabra proviene del método GROW del *coaching*, pero añadiendo esa parte de neurociencia e inteligencia emocional que me parece fundamental. BEGROW es más que una metodología, es una filosofía de vida, es una mentalidad. Su base es la combinación de la teoría y la práctica. Porque sin práctica no hay resultados a largo plazo. Porque el cerebro, si no graba el nuevo aprendizaje con acción y repetición, volverá a lo de siempre. Por eso, los propósitos como hacer dieta, practicar deporte o controlar la impulsividad nos duran poco. La clave reside en crear un patrón mental nuevo que te ayude a mantener la motivación, la serenidad y la confianza.

La filosofía BEGROW está pensada para que algo que parece tan complicado como controlar y crear nuevas emociones y realidades se convierta en algo posible para ti. Está diseñada para que dejes de depender de lo que ocurre fuera para ser feliz, para que aumentes tus posibilidades de éxito en la vida personal y profesional y, sobre todo, para que lo utilices siempre. Que se convierta en tu nueva filosofía de vida. Una filosofía que te ayude a ser y a sentirte mejor y con la que puedas ayudar a otras personas a seguir ese camino desde tu ejemplo. Confío en que, poco a poco, a medida que la sociedad vaya tomando consciencia de esto, vayamos creando entre todos un mundo mejor. Y, para lograrlo, como todo, necesita su proceso.

3.1. El proceso, el secreto del éxito

Imagina que trabajas en un taller y necesitas poner orden para mejorar la productividad. ¿Podrías hacerlo estando a oscuras sin ver nada? No, ¿verdad?

Para poder poner orden necesitas ver y analizar cómo están las cosas, después ir seleccionando qué es útil y qué no y definir qué nuevos materiales necesitas, hacer un plan y, por último, ponerte en marcha y comenzar a tirar, reordenar o comprar.

Este proceso, que parece lógico, es el que no se suele seguir cuando hablamos de desarrollo personal. Empezamos a tomar decisiones a oscuras sin haber estudiado la habitación con calma (quién soy, mi personalidad, mis procesos mentales). Caminamos a ciegas intentando averiguar si el objeto que tengo delante me gusta o no, si me sirve o no, voy tropezando: un caos...

BEGROW funciona en primer lugar porque establece un proceso necesario para que, cuando te pongas en acción, lo hagas de manera eficiente. Continuando con la metáfora anterior, ese proceso sería el siguiente:

Fase 1. Enciende la luz (autoconocimiento)

Tú no eres sólo lo que ves o crees de ti mismo. Como decía Freud, nuestra mente es como un iceberg. Tú conoces de manera consciente la parte que sale a la superficie, pero debajo del agua existe mucha información sobre ti que no siempre sabes ver. Si quieres tener éxito a la hora de desarrollar tu mente, necesitas descubrir lo que ocurre debajo. Es imposible conocerlo todo, pero con los ejercicios y la ayuda adecuada, puedes sacar a la luz mucha información sobre ti que no conoces de manera consciente. Éste es uno de los principales obstáculos al que nos enfrentamos cuando queremos un cambio. No profundizamos en nuestro interior y eso nos lleva a buscar soluciones únicamente en la parte superior del iceberg. Si sólo trabajamos a ese nivel, es complicado sanar o modificar aquello que realmente nos está desorganizando porque no lo vemos.

Volviendo a nuestra metáfora, necesitas encender la luz de la habitación para ver a qué te enfrentas. Además, esta fase es muy importante porque cada persona es única y cada uno va a descubrir algo diferente debajo del agua que le impide avanzar. Incluso en situaciones similares, la motivación interna que nos hace reaccionar a cada uno puede ser diferente.

Pongamos un ejemplo real que he vivido con dos mujeres: dos madres cuyos hijos adolescentes les hablan mal. Ellas pierden los papeles y se enfadan sin poder remediarlo. Ante un mismo estímulo (el hijo que habla mal), un mismo patrón de comportamiento (me enfado). Pero estudiando el caso con estas dos madres, descubrimos que el disparador que provocaba la ira en cada una de ellas era diferente. Una relacionaba esa falta de respeto con falta de amor («Mi hijo no me quiere»), y la otra lo relacionaba con un fracaso personal como madre («No he sabido educarlo»).

Ésta es la fase más compleja, pues en ocasiones el cerebro se resiste a ser *descubierto*, pero al mismo tiempo te da la posibilidad de poner remedio desde el origen de tu caso en particular, y esto es lo que hace que sea mucho más efectivo. Si pones en práctica ideas generales, puedes tener suerte y que te funcione algo, pero, cuando lo aplicas a tu caso particular, es mucho más eficaz.

El objetivo aquí consiste en conocer tu esquema de personalidad para trabajar sobre el mismo de manera personalizada.

Fase 2. Decide (marcar objetivos y un plan de acción)

Una vez que lo tienes claro y puedes ver lo que hay en la habitación, debes decidir qué necesitas guardar, qué quieres reparar, tirar, o qué necesitas comprar nuevo para mejorar.

En esta fase vas a reorganizar toda la información que has descubierto sobre ti, sobre tu personalidad, tus patrones, tus creencias, tus valores, tus factores de estrés, tus fortalezas... y, en función de ese nuevo conocimiento, establecer nuevos objetivos.

Recuerdo que uno de los objetivos que se planteó Silvia, una alumna del curso que imparto, «Libera tu talento», fue preparar unas oposiciones para ser funcionaria. Tenía un puesto de nivel en una empresa y la responsabilidad le resultaba abrumadora. Además, no conseguía pasar el tiempo que quería con sus hijos pequeños y se sentía tan estresada que no disfrutaba de ellos. Durante esta fase descubrió que sus prioridades no estaban funcionando bien. Estaba dedicando su energía a un trabajo que le proporcionaba estatus, pero en realidad ella no deseaba ese éxito. Descubrió que en el fondo prefería tener una vida sin tanta responsabilidad en lo laboral y que le permitiese disfrutar de su faceta de madre de otra manera. Consiguió poner orden en su cabeza. El éxito lo había perseguido por influencia familiar, porque su padre esperó eso de ella, pero se dio cuenta de que ése no era su propósito. A partir de entonces, marcamos metas y un plan de acción que la ayudaran a llegar donde quería. Metas como:

- Trabajar su miedo al fracaso.
- Cambiar la creencia de que necesitaba un puesto de dirección para ser *alguien*.
- Planificar esas oposiciones para que no supusiesen un estrés más.
- Entrenar su diálogo interno que le taladraba con la idea que no era capaz y sustituirla por mensajes más objetivos como «Nunca lo sabrás si no lo intentas».

Como ves, es una fase fundamental en la que vas a decidir, por ejemplo:

- Qué creencias quieres cambiar.
- Qué hábitos dejar o añadir a tu vida.

- Cómo quieres que sea tu voz interior.
- Qué emociones quieres aprender a generar de manera consciente.
- Qué decisiones importantes vas a tomar para vivir con coherencia.

Esta fase te ayuda a tomar decisiones en función de quién eres y qué te hace feliz. Además, cuando el miedo o la incertidumbre frente al cambio aparecen, tienes tan claro cuál fue el motivo por el que tomaste esa decisión que las ganas de conseguir tu propósito se vuelven más fuertes que el miedo.

Este proceso de reprogramación de tu cerebro no significa dejar de ser tú. Influir en tus emociones no hace desaparecer quién eres, pues tu esencia siempre ha estado y estará presente. En esta fase pones en orden tu aprendizaje para crecer. Si tu cerebro fuese un contenedor con herramientas para sobrevivir y disfrutar de tu paso por esta vida, la intención es sacar aquéllas que se han quedado obsoletas y sustituirlas por otras más modernas que se adaptan mejor a tu situación hoy.

Fase 3. Acción (entrenar tu mente con herramientas prácticas)

¿Podrías jugar al tenis después de haber leído varios libros y haber visto a Nadal jugar veinte veces? No creo, ¿cierto? Únicamente serás capaz de jugar si sales a la pista y practicas con la raqueta de verdad. En eso consiste esta fase. La última, pero no por ello menos importante. De hecho, si esta fase no se realiza, tus posibilidades de éxito son mínimas.

Curiosamente, es en esta fase cuando perdemos fuelle. ¿Y eso por qué? Porque para desarrollar una mente emocionalmente eficaz y feliz necesitamos crear nuevos patrones y, para ello, es fundamental:

- Repetir ejercicios para asentar el nuevo aprendizaje y crear nuevas rutas neuronales que te ayuden a pensar, a sentir y a actuar como deseas.
- Entrenar tu cerebro para que aprenda a pensar de forma diferente a como está acostumbrado.

El cerebro se desarrolla cuando repetimos, una y otra vez, un comportamiento nuevo y cuando lo sacamos de la rutina de siempre. Esto significa que cuanto más repitas y utilices las herramientas, más rápido vas a avanzar y más sólido será ese aprendizaje. De hecho, lo ideal es aplicarlo el resto de tu vida cada vez que detectes que lo necesitas. No se trata de algo complicado, pero sí requiere de persistencia. Y es al realizar esta práctica cómo vas a conseguir el milagro de la neuroplasticidad de la que hablaba antes.

Pongamos el ejemplo de cómo sacar a tu cerebro de la rutina de siempre. Joe Dispenza en su libro *Desarrolla tu cerebro* nos pone este ejemplo. Observa la siguiente imagen. ¿Qué ves?

Fuente: © Salomart a partir de *Desarrolla tu cerebro*.

La mayoría de las personas lo que ven es algún tipo de ave. Un pato, un ganso o similar. Tus neuronas se ponen a trabajar en tus recuerdos y deciden que es un pato.

Ahora entrenemos la neuroplasticidad: ¿y si te pido que en vez de ver un ave veas un conejo? Para realizar esta tarea, tu lóbulo frontal del cerebro (razonamiento más consciente) le pide al cerebro que desactive el piloto automático del modo «ave» para pasar a modo «conejo». La neuroplasticidad te permite conseguir que el cerebro renuncie a un patrón que utiliza de manera habitual para crear otro nuevo.

Por eso recomiendo que, cuando termines este libro, no lo dejes en un cajón o una estantería. Necesitarás revisarlo para recordar los ejercicios y seguir evolucionando hacia tu mejor versión a lo largo de los años.

Antes de entrar en modelo BEGROW y que comiences a practicar, te adelanto en unas líneas cómo va a ser el proceso de aprendizaje, para que mantengas tus expectativas lo más realistas posible.

Los procesos mentales son lentos y evolutivos y a veces incluyen retroceso

Debemos ser pacientes y no esperar resultados inmediatos a cualquier esfuerzo.

En este libro vamos a trabajar muchos aspectos diferentes. Trabajaremos desde dentro hacia fuera para que, con el tiempo, puedas obtener resultados sólidos. Vas a comenzar a construir los cimientos de tu transformación. Si los cimientos no son sólidos, los cambios no duran, pues cualquier temblor provocará un derrumbamiento.

No esperes una transformación rápida; lo rápido no se sostiene. Vas a tener a tu disposición ejercicios prácticos, pero no olvides que éste es un camino largo que hay que recorrer paso a paso. No tengas prisa, no te agobies y celebra cada día cualquier avance que detectes.

Es necesario pasar por estas etapas del ciclo de aprendizaje para que éste sea inquebrantable.

3.2. Tu ciclo de aprendizaje

Etapa 1: incompetencia inconsciente

«No sé que necesito aprender algo. No soy consciente de tener una necesidad de aprender algo». Imagino que tú no estás en esta fase si estás leyendo este libro.

Podemos incluir en esta etapa a todas las personas que ni siquiera saben que pueden mejorar aprendiendo algo nuevo. Aquéllas que, a pesar de no estar bien del todo, no son conscientes de que pueden hacer algo al respecto y ni se lo plantean. Cuando las personas están en esta fase, es muy complicado ayudarlas. No creen que puedan necesitar ayuda y suelen culpar de su malestar a las situaciones externas o a otras personas.

Etapa 2: incompetencia consciente

«Soy consciente de que necesito aprender algo para mejorar». Ha llegado el momento de que busques información y te prepares para aprender.

Etapa 3: competencia consciente

«Aprendo, pero todavía tengo que hacer un esfuerzo para ponerlo en práctica. Ya conozco la teoría, me falta la práctica y me cuesta, pues supone un esfuerzo mental interiorizarlo».

Etapa 4: competencia inconsciente

«Mi inconsciente ya ha aprendido y actúo sin pensar. Ya he adquirido mi nuevo piloto automático. El aprendizaje permanece».

Pongamos el ejemplo de conducir: cuando soy niño no sé conducir, pero no siento la necesidad de aprenderlo (incompetencia inconsciente). Pero cuando se acerca la mayoría de edad y uno es más independiente, se despierta la necesidad de aprender y de ser libre (incompetencia consciente). Voy a la autoescuela y aprendo. Al principio tengo que poner mucha atención en todo: embrague, acelerador, freno, espejos..., mi mente tiene que estar al cien por cien en lo que hago y supone un esfuerzo ponerlo en práctica (competencia consciente). Con el tiempo y con la práctica, puedo conducir sin pensar, incluso haciendo otras cosas a la vez (competencia inconsciente).

Ten esto en cuenta cuando comiences tu aprendizaje. Si sientes que te cansa, que te cuesta, que no sale todo fácilmente desde el primer momento, no te preocupes, es normal. Tu cerebro lleva funcionando de una cierta manera muchos años. Pero llegará un momento en que el esfuerzo será mucho menor y te alegrarás mucho de haber pasado por ello.

Ilustración 2. El ciclo del aprendizaje

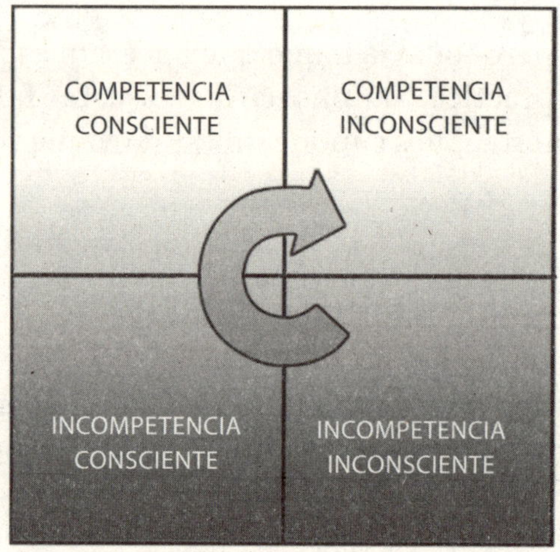

Fuente: Elaboración propia.

4

El viaje hacia una mentalidad BEGROW

Imagina que tu mente es como un ordenador. Un ordenador con un hardware (cables, conexiones, memoria, pantalla...) y con un software (con los programas y los archivos que vas grabando en él). Cuando naces, ese ordenador está vacío y se van grabando programas en su memoria. Supongo que últimamente sientes que el ordenador no va tan bien como te gustaría. A veces va lento, se bloquea, la memoria está llena... y sientes que no es todo lo productivo que podría ser. Si estás leyendo estas páginas es porque sientes que quieres y puedes mejorar ese ordenador, y el modelo BEGROW es el libro de instrucciones que necesitas para ponerlo a punto y sacar todo su potencial.

Como habrás imaginado, cada letra de BEGROW significa algo. Es un proceso, un programa que integra diferentes etapas de reflexión y práctica.

Estas etapas son:

- **B** (***Being***). Comprender cómo eres y cómo funciona tu mente. Qué es un circuito emocional, por ejemplo, y cómo se crean tus pilotos automáticos. En esta etapa del método compartiré contigo conceptos de neurociencia e inteligencia emocional. Es la parte del manual que te explica el hardware del ordenador. Si no sabes cómo funcionan los cables y las conexiones, va a ser complicado que puedas arreglarlo.

Descubrí que conocer esta información es muy eficaz, ya que comprender es aliviar. Te das cuenta de que no eres tan complicado o ineficaz como pensabas, de que simplemente eres humano. Además, es un refuerzo para la confianza que tendrás en el proceso, pues te demostraré que, si te lo propones, puedes reprogramar ese ordenador.

- **E (*Emotions*)**. Descubre el mundo de las emociones. Cuál es el propósito de sentir y por qué gestionas tus emociones como lo haces. Cada persona tiene una forma de manejarlas diferente y darse cuenta de ello es fundamental para luego tener el equilibrio emocional adecuado.
- **G (*Goal*)**. Tomar consciencia de quién eres, de qué te hace feliz y de qué objetivos de vida deberías reorganizar para vivir con coherencia. A veces necesitamos pensar desde nosotros mismos para darnos cuenta de que algunos de los objetivos que perseguimos no van con nuestra esencia y nuestro propósito. Detenerse para mirar hacia dentro desde los valores, la esencia y el propósito de cada uno.
- **R (*Reality*)**. Conoce cuál es tu realidad. ¿Qué hace que veas el mundo como lo haces? ¿Cuál es tu diálogo interno? ¿Te ayuda? ¿Te limita? ¿Qué creencias te dominan? Es importante sacar esta información a la luz para reparar esas gafas o cambiarlas si lo necesitas.
- **O (*Others*)**. ¿Cómo te relacionas con los demás? ¿En qué medida tus relaciones suponen un apoyo en tu vida o una carga? Aprender habilidades de empatía y comunicación eficaz es indispensable para mejorar la calidad de tus relaciones.

- **W** (***Will***). Pasar a la acción de manera eficaz. Definir qué quiero conseguir con todo lo que he descubierto, qué programas necesito sustituir y con qué herramientas lo voy a hacer. Saber hacer un plan infalible es indispensable para no tirar la toalla.

Tabla 1. El método BEGROW

MODELO MENTAL	MODELO DE PERSONALIDAD				PRÁCTICA ACCIÓN
B	**E**	**G**	**R**	**O**	**W**
CÓMO ERES NEUROLÓGICAMENTE	CÓMO ERES EMOCIONALMENTE	QUÉ TE HACE REALMENTE FELIZ	CUÁL ES TU REALIDAD	LA CALIDAD DE TUS RELACIONES	TU PLAN DE ACCIÓN EFICIENTE
ENTENDER CÓMO FUNCIONA TU CIRCUITO EMOCIONAL	TU MODELO DE APEGO	TUS VALORES MÁS IMPORTANTES	TUS CREENCIAS	COMUNICACIÓN EMOCIONALMENTE EFICAZ	QUÉ NECESITAS
CÓMO FUNCIONAN LOS CONFLICTOS DE TU MENTE	TU MODELO DE GESTIÓN EMOCIONAL	DETECTAR INCOHERENCIAS EN TU FORMA DE VIDA	TU VOZ INTERIOR LIMITANTE	MEJORAR TUS RELACIONES CONFLICTIVAS	CÓMO CONSEGUIRLO. HERRAMIENTAS PRÁCTICAS
Being	***Emotions***	***Goal***	***Reality***	***Others***	***Will***

Fuente: Elaboración propia.

5

Being: de la mente al ser

Déjame hacerte una pregunta: «¿Quién eres?».

Escribe o expresa en voz alta lo que contestas cuando alguien te hace esa pregunta:

....

....

....

....

....

La mayoría de las personas contestan con su nombre y, acto seguido, a qué se dedican. «Soy directora de RR. HH. de tal empresa», «Soy empresario y tengo un negocio», «Soy actriz» o «Soy cantante» son ejemplos de lo que se suele responder. A veces, incluimos información sobre dónde vivimos, si tenemos hijos y poco más.

Y ahora vuelvo a preguntarte: ¿quién eres?

Tú no eres tu profesión, ni un cargo en una empresa, ni madre o padre... Tú eres un ser humano, con un propósito de vida (aunque lo hayas olvidado) y con unas cualidades que te hacen único e irrepetible. ¿O acaso existe alguna persona en el mundo igual a ti?

Eres una combinación de mente-cuerpo-conciencia.

Todos los seres humanos compartimos las bases de estos tres elementos. Nuestro cerebro funciona con las mismas bases y los mismos procesos electroquímicos y se conecta con nuestro cuerpo que, a su vez, funciona de forma mecánica igual en todos los seres humanos. Y todos tenemos consciencia: nos relacionamos con nosotros mismos, con aquello que nos rodea, y le damos un sentido. Digamos que el ordenador básico de los seres humanos es el mismo, pero luego cada uno poseemos unas particularidades que nos hacen únicos. Todos tenemos neuronas, corazón y una personalidad. Pero en cada uno de nosotros se desarrollan particularidades: conexiones neuronales específicas fruto de la experiencia de cada uno, un corazón más o menos sano, valores diferentes, temperamentos distintos, etcétera.

Me encantaría que, al finalizar este libro, pudieses responder a la pregunta de quién eres de otra manera. Es más, te reto a que escribas, además, quién quieres ser. Me parece mucho más potente todavía. ¿No crees? Lo retomaremos al final del libro y, mientras meditas sobre este tema, vamos a comenzar a hablar de tu mente.

Es cierto que tu personalidad depende de muchas variables que iremos viendo a lo largo de los siguientes capítulos, pero, como te decía, todos los cerebros funcionan de manera similar y esto es lo que vamos a descubrir en la *B* de BEGROW. Entender cómo funciona tu mente te va a ayudar a poder reparar lo que no funciona.

«Comprender es aliviar», una frase que aprendí de Marian e Isabel Rojas Estapé y que resume perfectamente el objetivo de esta fase del aprendizaje.

Todos estos años he acompañado a muchas personas y me he dado cuenta de que gran parte de la ansiedad que padecen proviene de la frustración de no entender por qué no son capaces de comportarse y sentirse como les gustaría. Y es normal. Como explicaba al comienzo del libro, si uno decide que hacer deporte es bueno para la salud y que la salud es muy importante, pero luego la pereza le hace quedarse en el sofá, entre nosotros, ¡no hay quien lo entienda! ¡Es de locos!

Recuerdo el caso de Olga, que estaba muy enfadada consigo misma porque no conseguía controlar el enfado en el trabajo con algunos de sus empleados y sentía que «perdía los papeles». Era consciente de que esa actitud perjudicaba al equipo, a sí misma y al clima laboral de su empresa, pero, a pesar de proponerse cada día dejar de enfadarse, al final era incapaz de contenerse. Cuando estas cosas ocurren, solemos culparnos. Empezamos a dudar de nuestras capacidades, de nuestra inteligencia, incluso de si somos o no buenas personas... Te aseguro que esto último me lo han dicho muchas veces en las sesiones. Y esa culpa y esa frustración provienen de no comprender en profundidad que, cuando actuamos así, estamos siendo esclavos de nuestros pilotos automáticos cerebrales. Comprender que la forma de funcionar de nuestro cerebro a veces nos impide mostrar nuestra mejor versión, que no es un problema de incapacidad personal, alivia. Comprender es aliviar. La presión y la culpa bajan automáticamente, así que, por este motivo, esta primera letra del método, la *B*, es crucial.

Vamos a ver cómo funciona tu cerebro de una manera sencilla. No pretendo entrar en detalles científicos sobre neurociencia, únicamente quiero contarte los procesos básicos para que te ayuden a tocar las teclas adecuadas en tu plan de acción.

5.1. Que viene el «lobo»: tres cerebros y un liderazgo

Según describe el doctor Paul MacLean, el ser humano tiene el cerebro dividido en tres partes:

1. **Cerebro reptiliano**. Fue el primero en formarse y lo tenemos en común con los reptiles. Es aquél que se ocupa de nuestra supervivencia. Es el que a partir de ahora voy a llamar **«tu lobo»**.

   Regula todas las funciones fisiológicas que mantienen a tu cuerpo en marcha (respiración, digestión, vigilancia, sueño...). Para asegurarse de que funcionas bien, debe regular la energía y los recursos que tienes. Si estás alimentándote, no puedes estar durmiendo. Por lo tanto, es el que «manda» a la hora de administrar y priorizar esa energía. También es el responsable de ayudarte a huir o a luchar si estás en peligro. Digamos que su prioridad número uno es tu **supervivencia**. Y, para garantizarla, prioriza también el ahorro de energía en tu día a día. El cerebro reptiliano es el que almacena tu aprendizaje en forma de hábitos para justamente eso: **ahorrar energía**. Una vez que aprendes algo, lo automatizas y ya no te cuesta tanto hacerlo como cuando lo estás aprendiendo. Es el proceso del ciclo de aprendizaje del que te hablé antes. Todo esto ocurre de manera inconsciente. Por lo tanto, por mucho que creamos que somos seres pensantes, la realidad es que el 95% de nuestro comportamiento es inconsciente por este motivo. Y algo muy importante que quiero que te grabes a fuego: **a tu cerebro reptiliano no le importa absolutamente nada que seas feliz o no**. Su prioridad de mantenerte vivo no contempla ese pequeño detalle.

   Por lo tanto, a partir de ahora, cada vez que hagas algo de lo que te arrepientes después, ya tendrás claro quién es el responsable: tu reptiliano. A mí me gusta llamarlo el «lobo salvaje» dentro de ti que lucha por sobrevivir. **Necesitamos domesticarlo para que no tome el control**.

2. **Cerebro límbico**. Es el cerebro emocional, el que se encarga de procesar tus valores, tus emociones, tu necesidad de relacionarte con otros. Está directamente conectado con el reptiliano, que hace que tus emociones se activen o desactiven según sus necesidades. La información que recibimos del exterior llega mucho más rápido a este cerebro que al racional. Por eso, tantas veces reaccionamos impulsivamente sin pensar. Porque para que puedas sobrevivir es necesario ser rápido.

   Imagina que estás en casa y comienzas a oler a quemado y ves humo entrar por el pasillo. La información que recogen tu olfato y tu vista sale disparada hacia el cerebro límbico que va a activar la alarma sin darte tiempo de pensar. Sería desastroso si tuvieses que hacerlo. Tu cerebro ordena que primero debes levantarte y ponerte a salvo y, después, llamar a los bomberos. Las emociones, como veremos ahora, tienen la función de hacerte entrar, o no, en acción. Son una respuesta a una alarma que te envía el cerebro reptiliano porque considera que es esencial para ti prestar atención a eso que está ocurriendo. El problema es que estas alarmas no siempre son reales ni son un peligro para ti. No siempre el olor a quemado y el humo representan un incendio grave. Por eso es tan importante el papel del tercer cerebro, el racional, que es el único capaz de controlar estas alertas.

3. **El neocórtex**. El cerebro racional se ocupa de procesar información y de reflexionar. Es el que yo llamo «tu ser humano». Es el cerebro pensante. Enfoca la atención para resolver problemas, analizar... Digamos que tu neocórtex es el único capaz de domesticar al «lobo» para conseguir que siga protegiéndote de manera coherente y equilibrada. Es el que tiene la capaci-

dad de distinguir si el perro que gruñe está en la televisión o si lo tienes de verdad delante. Es el que consigue controlar los impulsos de las emociones y el que puede generar conscientemente otro tipo de emociones que sí nos ayuden. Por ejemplo, estás caminando por la calle y alguien te da un empujón por la espalda. Tu primera reacción es darte la vuelta porque tu reptiliano te alerta de un posible ataque. Tu cerebro límbico está enfadado o asustado porque ha recibido esa señal de alerta. Algunas personas, si no tienen control, pueden darse la vuelta y atacar directamente con un insulto o con violencia física. Otras optarían por observar primero qué está ocurriendo y después actuar en consecuencia. Podría ser que no te estén atacando, sino que un niño pequeño jugando se haya tropezado contigo. En ese caso, la rabia o el miedo se transformarían en comprensión o empatía. **En las décimas de segundo en las que tu mente decide si ataca de vuelta o no, en ese espacio de tiempo, es donde reside tu poder para decidir y cambiar tu destino**.

Lo que marca la diferencia entre unas personas y otras es lo entrenado que tienen su neocórtex para que pueda tomar el control más a menudo y no dejarse secuestrar por el «lobo salvaje». Es debido a esta particularidad del cerebro que me gusta hablar de que en tu mente conviven dos personajes muy diferentes: el «lobo» y tu ser humano.

El «lobo» es impulsivo, irracional, funciona por patrones automáticos y su única misión es salvarte la vida, por lo que vive a la defensiva 24/7, como dicen mis hijos.

Tu «ser humano», por el otro lado, es racional, es capaz de pensar antes de actuar, tiene la capacidad de ser objetivo, tiene autocontrol y su misión es que cumplas tu propósito de vida, que seas feliz.

Ilustración 3. Tu «lobo» y tú

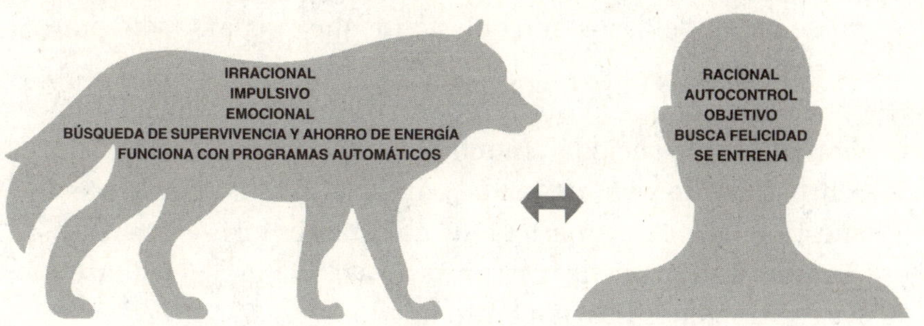

Fuente: Elaboración propia.

¿Empiezas a entender por qué no eres tan desastre? Tus conflictos internos son consecuencia de convivir con dos personajes tan diferentes en tu cerebro. Ten en cuenta que si volvemos a aquella metáfora del ordenador, resulta que el «lobo» y el humano meten información en ese ordenador desde perspectivas muy diferentes. Que una persona sea más o menos impulsiva depende, en gran medida, de que la cantidad de información que utiliza provenga del «lobo» o del humano. Cuanta mayor cantidad de programas del «lobo» tenemos, más impulsivos e irracionales somos y más vivimos a la defensiva.

Es cierto que en caso de conflicto de intereses entre ambos, tu cerebro está programado para que prevalezca el «lobo», ya que es el que te salva la vida. El problema es que el «lobo» confunde amenazas reales con las que no lo son. Interpreta mucha información como si fuesen amenazas poniéndote a la defensiva y te envía emociones de forma automática para que reacciones sin pensar y, de esa manera, ahorres energía. Por eso, cuando quieres hacer ejercicio, volviendo al ejemplo de antes, el «lobo» va a intentar que no lo hagas a no ser que le hagas comprender que el beneficio es mayor que la energía que vas a gastar. O, por ejemplo, no romper con una pareja con la que uno no es feliz es resultado de un «lobo» asustado que siente que quedarse solo puede costarle la vida.

¿Y eso por qué? Porque los seres humanos hemos evolucionado como sociedad mucho más rápido que nuestro cerebro. Cuando vivíamos en las cavernas, quedarte solo sí era cuestión de vida o muerte. Hoy no estamos en esa situación, pero tu cerebro puede interpretarlo así. Por eso, el rechazo o las separaciones nos dan tanto miedo.

5.2. Ves lo que quieres ver

¿Crees que eres una persona objetiva? Tengo que darte una mala noticia. Es muy complicado ser siempre objetivo porque nuestro cerebro no retiene toda la información que llega del exterior. No tiene la capacidad de procesar todos los estímulos que recibe, por lo que filtra lo que considera relevante en cada momento.

¿Y cómo realizamos esa selección de lo que procesamos o no? Depende de diferentes variables. Por supuesto, prima la de supervivencia. Si existe un peligro, tu cerebro va a enfocarse en él para que salves la vida. Pero también procesamos la información en función de nuestros intereses. La mente intenta tener la razón siempre y esto provoca de manera inconsciente que nos quedemos con la información que verifique nuestras teorías. Por ejemplo, si simpatizas con las ideas de un partido político y en sus propuestas existe alguna que no te gusta, lo más normal es que no les prestes atención y te quedes con las propuestas que te gustan más para reforzar la idea de que es la elección adecuada.

Tu cerebro va a filtrar aquella información que le interesa y, después, va a interpretar esa información también de una forma selectiva. En función de tu predisposición, de tus experiencias pasadas, de tus aprendizajes, del entorno en el que has crecido, incluso de tu estado de ánimo. Si te sientes cansado y bajo mucho estrés, puede que tengas tendencia a enfocarte en aquello que te ha salido mal ese día. Puede que te hayan pasado cosas buenas, pero, cuando te vas a acostar, te quedas con la sensación de que ha sido un mal día.

El primero que interpreta es el «lobo», y es tu parte humana la que puede enseñarle a ser más objetivo y a obtener más datos antes de actuar. A valorar lo que ocurre desde otras perspectivas distintas. Ser capaz de ampliar la atención es importante para no dejarnos dirigir por el «lobo». Entrenar el pensamiento objetivo y la atención es algo que puedes hacer cada día y de esta manera conseguir que tu neocórtex sea más eficiente.

Hagamos un ejercicio. En este momento tu atención está en este libro. Estás procesando la información de lo que lees. Ahora te pido que comiences a prestar atención a tu cuerpo. Que sientas las partes de este que están apoyadas en la silla, el sofá o la cama. Que sientas la ropa que llevas, si tienes frío o calor, si tienes alguna molestia... Mientras realizas este ejercicio, estás entrenando tu atención.

Es fundamental que tengas en cuenta esto cuando algo te altere. Si tienes un problema de autoconfianza, no te quedes únicamente con aquello que no se te da bien. Recuérdale a tu «lobo» tus fortalezas. Si una persona te irrita, intenta enfocar también tu atención en aquellos aspectos de esa persona que no te disgustan tanto.

Toda realidad tiene varias interpretaciones. Si eres consciente de que tu cerebro tiene tendencia a quedarse con una de ellas e intentas de manera consciente traer otras perspectivas a la luz, conseguirás una mayor objetividad.

Hace pocos días, durante un *webinar* que impartí, una de las participantes contaba que no iba a ser capaz de vencer el miedo a hablar en público. Entonces le pregunté que si podía recordar otros momentos en su vida en los que hubiese tenido miedo a algo y lo hubiese superado. En ese momento su atención salió del «modo no» y comenzó a buscar esos momentos en los que sí había logrado vencer el miedo. Al ser capaz de recordarlo, le quitó poder al pensamiento de no ser capaz y, entonces, su diálogo cambió. Si lo he hecho antes, ¿por qué no voy a ser capaz de hacerlo de nuevo?

Para entrenar la atención te recomiendo dos herramientas prácticas:

1. Practicar *mindfulness* y meditación. Te ayudarán a reforzar el neocórtex y a entrenar la atención de manera voluntaria.
2. Buscar la parte positiva cuando te encuentres en un bucle de negatividad respecto a algo. Siempre podemos buscar una realidad que neutralice de alguna manera el enfoque destructivo.

Cuando un alumno llega a mí y me cuenta algo que le está robando la paz, me gusta preguntar: «¿Quién te habla ahora, el "lobo" o tu parte humana?». Es importante, a partir de ahora, que empieces a tomar conciencia de cuando habla uno y de cuando habla el otro. No es complicado distinguirlo, ya que el «lobo» te suele generar enfado, angustia, miedo exagerado, mientras que cuando es tu yo humano quien habla, todo se calma y se estabiliza.

De todas formas, vamos a profundizar mucho más en esto durante la *R*, pero al final de este capítulo te voy a proponer el primer ejercicio práctico para ir identificando a tu «lobo».

5.3. Sientes lo que tu «lobo» quiere

¿Por qué es tan importante ampliar nuestra atención? Porque, en función de la capacidad que tengas para hacerlo, vas a conseguir una mayor influencia en tus pensamientos y en tu estado emocional. Si consigues modificar tu estado emocional de forma consciente, será más sencillo que puedas actuar como deseas y no dejarte dominar por emociones como la ira, el miedo o la pereza.

Déjame presentarte a tu circuito emocional:

Ilustración 4. Circuito emocional

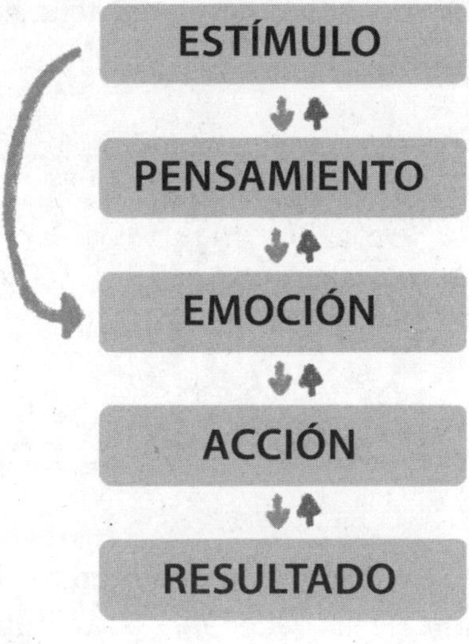

Fuente: Elaboración propia.

Cualquier estímulo que recibimos lo procesamos en forma de pensamientos y cada uno lo hará a su manera pasando por su propio filtro. Nuestro cerebro más primitivo —el «lobo»— valora en milésimas de segundo si es algo importante o no, lo categoriza buscando información en la memoria (el ordenador) y envía señales a la parte emocional para preparar el cuerpo a responder. Esos pensamientos son muchos y muy rápidos. Algunas veces somos conscientes de lo que pensamos, pero otras no. La motivación interna o la alarma que está enviando tu «lobo» no siempre la tenemos presente de manera consciente.

Esos pensamientos van a dar lugar a una activación de una emoción de manera casi inmediata. Es la respuesta automática a ese pensamiento. Y, por ende, esa emoción va a condicionar mi acción (o no acción), porque, tal y como veremos más adelante, el papel de la emoción es el de provocar una respuesta en ti. Para que vivas ahora esta relación directa de los pensamientos y la emoción, escucha este ejercicio descargando este audio.

Finalmente, los resultados que tienes en tu vida son consecuencia de cada una de las decisiones y acciones que tomas cada día. De hecho, tomamos decisiones constantemente. Desde que me acuesto y decido a qué hora pongo el despertador, cuando me levanto y decido qué voy a desayunar, cómo voy al trabajo, cómo reacciono al atasco o a la presión de mi jefe, hasta la hora a la que me meto en la cama. Nuestro día a día está lleno de decisiones que van a condicionar nuestros resultados. No conseguiré adelgazar si las decisiones sobre mi alimentación incluyen comer chocolate o si no me genero la motivación suficiente para hacer deporte. Tampoco conservaré mi paz interior si me dejo llevar por la ira cuando alguien me habla en un tono que no me gusta o si me paso horas rumiando un problema que me preocupa.

Existen situaciones extremas en las que el «lobo» provoca que la información haga saltar directamente a la emoción y no pase por los pensamientos. Por ejemplo, un frenazo de emergencia en el coche. Son casos en los que tu supervivencia necesita una reacción más rápida. En estos casos, poco podemos hacer para intervenir en nuestro circuito emocional, pero en otros sí podemos educarlo para intentar tener un mayor control sobre cómo reaccionamos a lo que ocurre fuera.

Veamos un ejemplo de cómo funciona el circuito emocional completo

Vuelvo a casa del trabajo cansada y de muy mal humor porque he tenido bronca con mi equipo. Veo que mi hijo ha dejado la ropa del colegio tirada por el suelo de su habitación.

Llegan los pensamientos en cascada: «No me lo puedo creer, otra vez la ropa en el suelo... Este niño pasa de todo, no me hace ni caso, no pone interés, todos mis esfuerzos por educar no sirven, qué desastre de madre soy, este chico no va a llegar a nada como no empiece a madurar...».

Automáticamente, esa cadena de pensamientos me producen ira. Y entonces le grito, le castigo y pierdo los papeles porque estoy agotada y no puedo más. Resultado: él se pone a llorar, se encierra en su cuarto y pasamos el resto de la tarde y de la noche en tensión.

Esta conexión directa de pensamiento-emoción es fundamental. Hay veces que es tan rápida que no nos damos ni cuenta. Si alguien me habla mal cuando voy en el coche, puede ocurrir que, en cuestión de menos de un segundo, le esté devolviendo los gritos.

Además, lo más increíble es que no necesitas estar viviendo este estímulo en ese instante para que se produzca la emoción en ti. Con sólo imaginar o recordar una situación, ya se activa la emoción.

Si consigues entrenar tus pensamientos, conseguirás un mayor control de tu estado emocional.

Tener en cuenta esto te va a ayudar también a entender y a entrenarte. Cuando entrenes tu circuito emocional, ya no te resultará tan complicado dejarte llevar por un enorme mosqueo y pegar cuatro gritos a tu hijo de cuatro años.

Para entrenarlo, hay algo que puedes empezar a hacer desde ahora mismo: comenzar a tomar consciencia de lo que piensas y sientes durante el día y qué comportamiento ha provocado en ti ese diálogo interno.

Ya sólo con que comiences a pensar de manera diferente, estás realizando un entrenamiento muy valioso. De hecho, es la primera fase de la fórmula BEGROW.

Para ayudarte con este proceso, te ofrezco dos herramientas:

- El diario emocional
- El circuito emocional invertido

Tu diario emocional

Durante una semana recoge el mayor número de situaciones que te hayan provocado una emoción relativamente fuerte. Puedes escribirlo en tus notas del móvil o utilizar la plantilla que puedes descargar con este código QR. Te recomiendo que, en la medida de lo posible, escribas a mano, pero si te cuesta mucho, hazlo como puedas, pero hazlo.

Lo importante es que lo hagas todos los días y, si puedes hacerlo justo después de haber experimentado la emoción, mejor, pues de esta manera tendrás más reciente la información. Si no puedes hacerlo en ese momento, puedes escribir al terminar el día antes de acostarte.

¿Cómo recoger esa información?

1. **Describe qué ha ocurrido** (un breve resumen de lo que ha activado la emoción). Un hecho, un pensamiento.
2. **Vuelca los pensamientos** que vienen a tu cabeza sobre ese tema, los más recurrentes.
3. **Qué emoción has sentido**. Es bueno detectarla y ponerle nombre. Si es posible, intenta ir más allá de las emociones básicas. Es decir, no es lo mismo enfado que ira, furia, irritabilidad...
4. Cómo has reaccionado, **cuál ha sido tu comportamiento** y las consecuencias que éste ha tenido después.

Con este ejercicio vas a empezar a tomar consciencia de tus propios programas.

No juzgues nada de lo que escribas. Es un diario en el que simplemente debes volcar la información, siendo lo más sincero o sincera posible contigo. Si te autoengañas, el ejercicio no será tan efectivo. No te sientas mal por nada de lo que surja, simplemente estás sacando la información a la luz.

Recuerda que ya sólo por estar realizando el ejercicio estás haciendo un entrenamiento. Así que si sientes la tentación de juzgarte por algo, cámbialo por darte una palmada en tu hombro y celebrar que estás en el camino. Recuerda, ¡eres muy valiente!

Con este diario, vas a tomar más consciencia de los pensamientos que te hacen daño, las emociones que te limitan y los factores de estrés, de los que hablaremos más adelante. La información que recojas guárdala y la utilizaremos en ejercicios posteriores. Recuerda, no se trata de valorar nada, únicamente recoger datos.

Hay que tener en cuenta que el 95% de los pensamientos que tenemos cada día se repiten. Nuestras preocupaciones son las mismas. Aquello que nos contamos como un disco rayado pasa tan deprisa por la mente que dejamos que nos domine y nos creemos todo lo que nos cuenta esa voz. Ser capaz de escribir sobre ello te va a permitir también tomar algo de distancia. Por favor, no te asustes de las cosas que puedes llegar a escribir. Es normal que se pasen auténticas «barbaridades» por nuestra cabeza. No olvides que ése que habla es el «lobo» en modo supervivencia, no eres tú.

A partir de ahora, a medida que vayas avanzando en la lectura del libro, vas a agregar más y más herramientas a tu conocimiento. Recuerda que lo que hace únicos a este libro y a la metodología BEGROW es la práctica. Aunque, algunas de las cosas que vas a leer seguramente ya las has escuchado antes. Lo que pretendo ahora es ir un poco más allá. BEGROW funciona porque incide directamente en tus propios circuitos y programas mentales. Para descubrirlos es imprescindible que comiences sacando todo a la luz. Escribir es una técnica muy eficaz, ya que conecta con el inconsciente y lo hace tangible.

Tu circuito emocional invertido

Esta práctica consiste en describir una situación en la que tu comportamiento no ha tenido consecuencias positivas para obtener otro resultado después de haber cambiado y en pensar después en lo que necesitarías haber cambiado.

Con ayuda del diario, eliges una situación concreta y describes lo que ha ocurrido, lo que has pensado, lo que has sentido, qué es lo que has hecho al respecto y el resultado que ha tenido. Por ejemplo:

- **Estímulo**: «He presentado una oferta a un cliente importante que había quedado en contestar hoy y no lo ha hecho».
- **Pensamientos**: «No voy a llamar porque va a pensar que soy una pesada, lo voy a agobiar, mejor le dejo el tiempo que necesite sin presionar. Además, si me dice que no, lo voy a pasar fatal. Igual me dice que somos caros y no sé cómo gestionarlo. Sí, mejor espero a ver si me dice algo mañana o pasado».
- **Emoción**: Inseguridad, miedo a recibir un no por respuesta y no saber rebatirlo.
- **Acción**: No llamo.
- **Resultado**: Al día siguiente me comunican que ha elegido a otro proveedor porque nuestra oferta no estaba completa.

Una vez recogida esta información, realizamos el ejercicio al revés. Pienso en el resultado que me habría gustado conseguir y, para ello, qué debería haber hecho, sentido, y pensado.

Volvemos al ejemplo:

- **Resultado deseado**: «Me ha elegido».
- **Acción**: «Lo llamé y, gracias a la llamada, pude resolver las dudas que tenía y agregar valor a mi oferta».
- **Emoción necesaria**: Seguridad en mí y en mi oferta.
- **Pensamientos que me ayuden a generar esa emoción**: «Voy a llamar preguntando si tiene alguna duda sobre lo que le he enviado, si necesita alguna aclaración. Para no agobiar, mi intención en la llamada va a ser escuchar las objeciones o dudas que pueda tener para resolverlas y así no dejar que se lleve la oferta otro. Si no llamo, puede que no me elija porque está muy ocupado y va a tomar la decisión más sencilla. Le tengo que ayudar a entender por qué mi oferta es la mejor. Además de esta manera puedo hacer ajustes si es necesario».

Una vez lo tengas, intenta recordarlo en situaciones similares y «forzar» ese nuevo pensamiento. Llegará un momento en que puedas hacerlo de forma automática. Para que ese nuevo pensamiento sea efectivo, es importante que creas en lo que dices. No es útil sustituirlo por pensamientos positivos sin más.

Hasta aquí has aprendido cómo funciona tu cerebro y la relación entre pensamiento-emoción-acción-resultados. También conoces ya la existencia y la lucha entre tu «lobo» y tú. En resumen, ya tienes un esquema simple pero sólido del funcionamiento de la mente humana.

Ahora comenzaremos a explorar la *E* de *Emotions* del modelo BEGROW. Nos adentramos ya en analizar tu esquema de personalidad más personalizado.

6

Emotions: la inteligencia emocional rebelde

> Las emociones conviven contigo cada minuto del día. No hay nada tan presente en tu vida como ellas, por eso merece la pena cuidarlas.

Al estudiar cómo funciona el circuito emocional, una cosa queda bastante clara: las emociones son las que dominan tus acciones y, por ende, gran parte de los resultados que tienes en tu vida. Gestionar las emociones de manera eficaz es primordial si queremos alcanzar nuestros objetivos de vida y sentirnos felices.

Pasamos años preparándonos para tener un buen trabajo, una economía saneada, para conseguir el éxito personal y profesional —entendiendo que para cada uno el éxito es diferente—. Estudiamos, hacemos deporte, vida social, nos formamos para ser buenos profesionales, pero ¿qué ocurre con las habilidades emocionales? La mayoría de las personas las gestionan como pueden sin ninguna preparación previa. Algunos desarrollan modelos «evitativos», otros se dejan secuestrar por ellas, y aun hay quienes se medican si se sienten descontrolados sin poner remedio al origen de su malestar. Y es que las emociones, a pesar de acompañarnos a todas horas, muchas veces suponen un misterio y un dilema en nuestra vida.

Vivimos en una sociedad en la que todo va muy deprisa. La era digital lo ha empeorado bastante. Tenemos todo al alcance de un clic. Compramos, nos informamos, aprendemos, incluso buscamos pareja así. La costumbre a la inmediatez nos aleja cada día más de estar con nosotros mismos. Las emociones pasan con mayor o menor intensidad por nosotros sin que tomemos consciencia de ellas. La cruda realidad es que resulta imposible gestionarnos emocionalmente si no aprendemos a parar y a comprender para poder reparar y mejorar. Tú tienes la oportunidad de cambiar ese ritmo de vida.

Cada vez existen más estudios que relacionan la mala gestión emocional con enfermedades como el cáncer o enfermedades cardiovasculares y autoinmunes. Esto es serio. Ya no se trata de ser más o menos feliz, se trata de vivir.

La influencia de las emociones en nuestra vida es demasiado importante para que las ignoremos. En este capítulo quiero hablarte de ellas. Quiero que las conozcas muy bien para que puedas convertirlas en tus aliadas y aprendas a gestionarlas a tu favor.

Recuerda que las emociones pueden ser tu mejor aliado o tu peor enemigo. ¡Tú decides!

6.1. Conociendo lo desconocido

¿Qué son las emociones? ¿Sabrías contestarme?

Es probable que estés pensando que, por supuesto, sabes lo que son. Y no te falta razón, pues convives con ellas a diario. Pero más que saber lo que son, quizá sabes cómo te hacen sentir. ¿Puede ser? Si me equivoco, te pido disculpas. En esa realidad vivía yo y puede que la extrapole demasiado, pero no quiero avanzar sin exponer un enfoque un poco más científico sobre ellas. No tengo intención de extenderme, lo que pretendo es ofrecerte una perspectiva que te permita dotar a tus emociones del poder adecuado en cada momento. Mi objetivo es que dejes de ser esclavo de ellas, así que comencemos.

La RAE (Real Academia Española) define una emoción como:

«Alteración del ánimo intensa y pasajera, agradable o penosa, que va acompañada de cierta conmoción somática».

Otra definición que podemos encontrar en Wikipedia es la siguiente: «Las emociones son reacciones psicofisiológicas que representan modos de adaptación del individuo cuando percibe un objeto, persona, lugar, suceso o recuerdo importante».

La palabra emoción viene, además, del latín, del verbo *(e)movere*: «Desde el movimiento, hacer mover algo. Es algo que nos saca de nuestro estado habitual».

Estas definiciones ya nos permiten tomar conciencia de varios puntos esenciales:

1. **Alteración del ánimo intensa y pasajera**. *Pasajera*, esta palabra es en mi opinión la que nos va a resultar más útil durante este camino. Eso significa que todas, absolutamente todas, las emociones igual que vienen se van. Nadie está alegre las veinticuatro horas del día todos los días de su vida. De la misma manera que nadie está enfadado o triste permanentemente. Es posible que cuando no gestionamos bien esas emociones, pasemos más tiempo del necesario en estados de ánimo que no nos ayudan. Pero, si prestas atención, nunca son estados inalterables.

Tomar consciencia de esto a mí, en particular, me quitó mucha presión. Y aquí te dejo una clave importante que me gustaría que grabases en tu memoria: **cuando la emoción que estés sintiendo te incomode, una salida es pensar que pasará.**

Porque así es la naturaleza de las emociones: vienen y van. Esto te ayudará a desengancharte de esa emoción, como ya veremos cuando hablemos de las técnicas que puedes utilizar para manejarlas a tu favor.

2. **Agradable o penosa**. Qué buena definición. Cuántas veces escucho hablar de emociones buenas o malas, positivas o negativas... Como veremos enseguida, las emociones no son negativas o positivas. Todas son útiles y, por lo tanto, útiles para ti, siempre y cuando sepas sacarles partido (que justamente es lo que vas a descubrir a lo largo de estas páginas). A mí me gusta más utilizar el término de emociones incómodas. Porque es cierto que a nadie le gusta enfadarse, estar triste o tener miedo. Pero que no nos gusten, no significa que sean negativas de por sí. Somos nosotros quienes las convertimos en perjudiciales cuando permitimos que nos dominen, que secuestren nuestra razón, nuestro estado de ánimo durante demasiado tiempo, transformando todo nuestro potencial en basura. Disculpa mi crudeza, pero seguro que eres consciente de ello. Cuando tu estado de ánimo es bueno, sacas lo mejor de ti. Cuando no lo es, puedes sacar lo peor. Y eso depende exclusivamente de ti. Seguramente hayas experimentado que cambia tu productividad en el trabajo en función de cómo te sientes. En un día con buen ambiente, en el que estás de buen humor, tu concentración es mucho mayor que esos días en los que tienes estrés o le das vueltas a un problema o a una situación en bucle.

3. **Acompañada de cierta conmoción somática**. Es decir, afectan a nuestro cuerpo. Por lo tanto, cuando nos mantenemos en un nivel emocional de alta tensión durante mucho tiempo, nuestro cuerpo sufre y desarrolla enfermedades. El estrés, la ansiedad, la tristeza extrema prolongada o el enfado crónico pueden llegar a enfermar tu cuerpo produciendo hasta la muerte. Esto es consecuencia de la hormona del cortisol que segregamos cuando el cerebro está en modo alerta. Cuando el cortisol vive en nosotros de manera sostenida demasiado tiempo, inflama nuestro cuerpo y bajan nuestras defensas. La doctora Marian Rojas Estapé ha estudiado desde hace años los efectos del cortisol en la salud y en el sistema digestivo. Toda emoción se somatiza en alguna parte de nuestro cuerpo. Conocer cómo reacciona tu cuerpo a las emociones te ayudará a identificarlas y controlarlas. En consecuencia, si quieres cuidar de verdad tu salud, no hay mejor entrenamiento que el de cuidar tus emociones.
4. **Representan modos de adaptación del individuo a una percepción externa o interna**. Es decir, podemos experimentar emociones como reacción a algo que ocurre fuera, pero también como reacción a nuestra manera de interpretar o recordar o, lo que es lo mismo, a nuestros pensamientos. Porque la mente no distingue la realidad de lo que no lo es. Cuando ves una película de miedo, estás sintiendo miedo real. Sabes que el asesino no está en la habitación, pero tu cerebro somatiza de forma similar a como lo haría si realmente estuviese ahí. Otro ejemplo: recuerdo el caso de María, una alumna que tenía un nivel de ansiedad en el trabajo abrumador. María cada mañana imaginaba cómo iba a ser el encuentro con su jefa. Imaginaba que iba a criticar su trabajo o que le iba a hablar mal.

La tensión que le producía le provocaba ataques de ansiedad cada vez que se subía en el coche para ir al trabajo. Le pedí que escribiese en un diario las veces que su jefa la «trataba mal» y también aquéllas en las que no lo hacía. La sorpresa de María fue darse cuenta de que los casos en los que su jefa se ponía tensa con ella eran realmente muy pocos. Pero ella lo vivía de manera tan intensa que lo somatizaba como si ocurriese a diario. Simplemente por el hecho de imaginar que podía ocurrir o recordar lo que había ocurrido hacía una semana le producía estrés real. Si nuestra mente no es capaz de distinguir lo real de lo que no lo es, es importante comenzar a controlar aquello que le permitimos contarnos.

5. **Proviene del latín *emovere*, en movimiento**. Las emociones vienen y van, como hemos dicho. Una emoción es la energía que envía tu cerebro para que prestes atención a algo que él considera importante y puedas actuar en consecuencia. Tus emociones son las que mueven tu comportamiento siempre. Son las que condicionan tu toma de decisiones y las que, por lo tanto, dirigen tu vida y tus resultados. Además, su naturaleza es estar en movimiento y por eso hacen daño cuando no somos capaces de dejarlas ir en el momento adecuado. Es por ello que gestionar las emociones no significa ni ignorarlas ni darles poder cuando te están limitando. Entender esta función es crucial para cuando veamos algún ejercicio práctico más adelante. Las emociones llegan para decirte algo. Lo natural es escucharlas para que puedas valorar si son útiles y actuar consecuentemente.

Más adelante profundizaremos en cómo podemos aplicar toda esta información a la hora de desarrollar una mente eficaz y feliz. Nos será muy útil en la parte más práctica de este libro.

Para qué sirven las emociones

Imagina por un momento que estás caminando por una calle estrecha de viviendas y, de repente, un perro enorme aparece frente a ti. Te mira fijamente, gruñe, enseña los dientes y comienza a avanzar en tu dirección. Miras a tu alrededor y ves la puerta abierta del jardín de una casa a unos metros de ti. Echas a correr, entras en la casa y cierras la puerta antes de que el perro te alcance. En ese momento sientes cómo el corazón te late a toda velocidad, puedes notar incluso cómo tus piernas se aflojan y toda la fuerza que has tenido para salir «volando» y llegar a la casa ha desaparecido. Y todo eso ha ocurrido en pocos segundos.

Tu cuerpo ha reaccionado sin prácticamente tener que pensar. Tu «lobo» ha detectado al perro y las señales que éste te enviaba, ha lanzado la señal de «peligro» a tu amígdala y automáticamente el miedo ha conseguido que pongas toda tu atención en buscar un «posible refugio». La sangre ha bajado a tus piernas para que puedas correr gracias a la química que te ha enviado la emoción del miedo.

Ahora imagina que no existe ese mecanismo automático. Imagina que ves al perro y tienes que procesar y pensar todo lo que ocurre tal y como procesas normalmente la información. Tendrías un flujo de pensamientos similar a éste: «Uy, un perro. Vaya, parece que me gruñe y me enseña los dientes. ¿Será que quiere hacerme daño? ¿Qué puedo hacer? Voy a buscar algún lugar seguro por si acaso...». Este proceso, en circunstancias normales, sin la intervención de la amígdala y las hormonas del miedo, hubiera sido demasiado largo y, seguramente, el perro te habría alcanzado.

Como vimos en el circuito emocional, hay momentos en los que la emoción pasa a la acción sin dejar que el pensamiento consciente entre en juego. Este ejemplo es muy claro para definir cuál es el propósito de las emociones: su misión es tu supervivencia.

Las emociones existen para algo más que hacernos felices o amargarnos la vida.

Son una respuesta química de nuestro cerebro que consigue unir a éste con nuestro cuerpo. A través de los neurotransmisores, el cerebro convierte la electricidad que comunica nuestras neuronas entre sí en química. Seguramente te sonarán la dopamina, la serotonina, la adrenalina, el cortisol...: todos son neurotransmisores que envían información a nuestro cuerpo sobre lo que ocurre en nuestra mente. Ellos son los responsables de que te suden las manos cuando tienes miedo o de que seas capaz de correr como un guepardo si te persigue un perro rabioso. Las emociones mueven al ser humano, las emociones te predisponen a la acción para salvarte la vida.

Las emociones existen para garantizar nuestra supervivencia como especie. A tu «lobo» no le importa absolutamente nada que seas feliz. La felicidad no está en la emoción que sientes, la felicidad es algo que depende mucho más de ti que de tu química. Y esto en el fondo es una suerte, pues esa química no podrá nunca definir quién eres ni dominarte.

Recuerda que no eres esclavo de tus emociones.

Esa química es útil en un momento concreto de necesidad como hemos visto, pero dañina si la mantenemos por un tiempo excesivo o si el peligro no es real, ya que no nos ayuda a tomar decisiones que nos acerquen a nuestro éxito en la vida. Desgraciadamente, eso ocurre demasiado a menudo. Nuestro «lobo» interpreta peligros donde no los hay constantemente. Siente la necesidad de defenderse de ataques imaginarios y nos hace vivir en modo alerta demasiado a menudo cuando podríamos ahorrarnos un porcentaje muy alto de estrés emocional cada día.

Quiero contarte el caso de Silvia, una mujer a la que acompañé un tiempo. Cuando nos conocimos, se encontraba, según sus palabras, «atrapada en una vida que no le gustaba». Llevaba más de siete años en un trabajo en el que no se sentía valorada, pero tenía miedo de dejarlo y no encontrar nada. Además, quería cuidar su salud, perder peso y aprender inglés, pero se encontraba tan bloqueada que no tenía voluntad para ser constante. Su «lobo» le decía que no debía renunciar a ese trabajo que le daba estabilidad. La realidad era que no confiaba en sí misma. Una vez que trabajamos primero su autoconocimiento, se dio cuenta de que esa falta de confianza era un patrón aprendido desde su infancia. En cuanto tomó conciencia de ello, comenzamos a entrenar la seguridad en sí misma. Poco a poco, fue aprendiendo a analizar de manera más objetiva esos miedos. Comenzó a detectar cuándo la dominaba su «lobo» y comenzó a tomar mejores decisiones. Finalmente, tomó la decisión de dejar su trabajo, alquilar un piso y darse a conocer para buscar lo que quería conseguir a nivel laboral. Tuvo muchas ofertas y pudo hasta elegir el trabajo que de verdad deseaba. Esta mañana hablaba con ella y me contaba esto: «Creo en mí. Ahora siento que puedo conseguir cosas y, si no consigo algo, seré capaz de aceptarlo».

El camino de Silvia fue entender que el miedo no estaba ayudando y aprendió a enfrentarse a él y sustituirlo por ilusión y autoconfianza.

Para que tú puedas lograr lo mismo, te voy a describir cuál es la función principal de cada una de las emociones más comunes. De esta manera, será más fácil para ti valorar si la emoción que sientes es la que necesitas en ese momento o no.

Emociones básicas y sus funciones según Paul Eckman

Ira/enfado

Su misión es protegerte en caso de una agresión. Bien canalizada, te permite acabar con ese abuso y defenderte. Produce una activación en el cuerpo y un aumento de la adrenalina que mueve a la acción. De esta manera, uno puede defenderse y también actuar para conseguir algo. (Por eso, a veces, gracias al enfado, somos capaces de hacer cosas que teníamos pendientes).

El problema llega cuando utilizamos mal esa energía, ya que puede hacernos tomar malas decisiones o comportarnos de una manera de la que luego nos avergonzamos. Recuerdo que una amiga divorciada y en plena guerra con su hijo adolescente, decidió, en un arrebato de cólera, enviarlo con su padre a vivir. El hijo jamás regresó a convivir con ella, algo de lo que se ha arrepentido muchas veces.

El enfado es la más adictiva de las emociones. El enfado produce una reacción química que alimenta nuestro sistema nervioso y por eso podemos estar mucho tiempo enfadados. Digamos que enfadarse puede hacerte sentir vivo. Por eso se dice que el enfado lleva al enfado. ¿Quién no se ha visto en un mal día en el que estás de mal humor y por cualquier cosa saltas y cada vez te sientes más y más irritado con el mundo?

La parte positiva de esta emoción es que te impulsa, te lleva a la acción, pero hay que tener cuidado para no crear conflictos innecesarios. Observar cómo canalizas el enfado es importante. Si te suele llevar a tener conflictos con los demás, es necesario trabajarlo.

Uno puede enfadarse de muchas maneras. Gritando, con violencia física o verbal, o enfadarse con serenidad. Tener esto en cuenta es también fundamental. También existen personas que no quieren enfadarse nunca y eso tampoco es bueno.

Miedo

Su misión es facilitarte la huida o la lucha en caso de peligro. Como ya vimos antes, el miedo te permite correr como nunca lo has hecho o defenderte de un ataque. Hay ocasiones en las que la respuesta ante el miedo también se revela con la parálisis.

También predispone mentalmente a quien lo padece para reforzar el aprendizaje de respuestas que te ayuden a apartarte del peligro en un futuro. Una mala experiencia del pasado puede evitar que se repita esa situación en el futuro.

El miedo es una de las emociones más subjetivas, ya que, como hemos dicho antes, la mayoría de las veces los peligros están en nuestra cabeza y no son reales. De hecho, el 97% de las cosas que nos preocupan nunca llegan a ocurrir. ¿Te imaginas la cantidad de disgustos que puedes ahorrarte si consigues canalizar los miedos de manera objetiva?

Cuando la amenaza no es real, el miedo puede convertirse en ansiedad y paralizarnos. Consigue el efecto contrario a su naturaleza. En vez de llevarnos a la acción, nos bloquea y nos impide avanzar para mejorar nuestra vida.

El miedo a cambiar de trabajo, por ejemplo, a perder la «seguridad» de la antigüedad, puede hacer que una persona no haga nada por cambiar su situación laboral a pesar de no estar satisfecha.

Otro ejemplo es el miedo a estar solo. Cuántas parejas no rompen, a pesar de ser tremendamente infelices, por miedo a estar solos.

El miedo es útil únicamente si te va a ayudar a salvar la vida. Es inevitable sentirlo, pues forma parte de nuestra naturaleza, por lo que no debe ser nuestro objetivo apartarlo de nuestra vida. Lo ideal es conseguir enfrentarse al mismo y no permitir que nos paralice. Sólo así conseguiremos ganar confianza y prosperar en la vida.

Tristeza

Es un canal para situarte mental y físicamente hacia un nuevo futuro cuando has vivido una pérdida. Es un estado de transición para mirar hacia el futuro con fuerza. Ante la pérdida, el individuo tiene menos energía para afrontar su vida normal. La tristeza lo que consigue es bajarte la energía para que no tengas ganas de hacer cosas y ahorrar así esa energía para sanar y dedicarte a aquello que es realmente importante: la recuperación.

También empuja al individuo a buscar el apoyo social ante la situación de vulnerabilidad en la que se encuentra.

Es necesaria para que la persona que se enfrenta a la pérdida pueda reorganizarse y adaptarse a la nueva situación. Por eso no hay que evitarla. Algunas personas huyen de la tristeza y la ignoran. Tras una pérdida, se comportan de modo contrario al natural, actúan compulsivamente para no pensar, para negar la realidad. Estos comportamientos a la larga producen efectos secundarios en la salud, pues esa energía sigue ahí encapsulada si no la dejamos actuar.

A otras personas, sin embargo, les cuesta salir de esa tristeza y se abandonan a ella demasiado tiempo, lo que les impide recuperar su vida.

En esos momentos la aceptación es importante. Es necesario aprovechar para conectar con uno mismo, con sus valores, para observar sus propias necesidades y para aprender de uno mismo.

Hace poco, durante una sesión, una mujer que acababa de perder a su padre me decía que no tenía ganas de nada y que se sentía culpable porque no estaba haciendo deporte ni saliendo con su marido. Le expliqué la necesidad de aceptar ese duelo que estaba viviendo y, además, la animé a pensar que esa tristeza venía del amor hacia su padre, que no era mala.

Estar triste tras la pérdida de un ser querido dice cosas bonitas de ti. No huyas de la tristeza y acéptala desde el corazón.

Aversión/asco

Nos avisa, incluso de manera intuitiva en algunas ocasiones, de que algo o alguien no es de fiar. Su función adaptativa original es la de prevenir que comas algo en mal estado que te pueda intoxicar. Con el tiempo se ha ido ampliando a nuestra vida social y podemos sentir aversión hacia personas. También ha sido útil en la prevención de enfermedades infecciosas en el pasado, al evitar que las personas sanas se acercaran a los enfermos y se contagiaran.

Sorpresa

Puede ser agradable o desagradable. En el segundo caso, su función es avisarte de algo malo que pudiese ocurrir y lo pone de manifiesto para que puedas reaccionar. Tiene el efecto de «vaciar tu mente» o «dejar la mente en blanco» para que puedas reaccionar ante eso que ha llegado. De esa manera puedes poner toda tu atención en ello. Suele ir seguida de otra emoción que dependerá de si lo que ha ocurrido es bueno o malo.

Alegría

Nos produce una sensación de placer que provoca la repetición de conductas que son buenas para nosotros. Por ejemplo, alcanzar una meta produce alegría. Intentarás repetirlo para volver a sentir ese placer y eso te ayudará a avanzar en tu vida. Está relacionada con hormonas como la serotonina y la dopamina, que es la hormona que te impulsa a repetir conductas placenteras.

Además, inhibe los sentimientos negativos y favorece el subidón de energía y la reducción de los pensamientos negativos. Físicamente, produce una tranquilidad que permite que el cuerpo se recupere rápidamente. Ofrece un descanso al organismo entre tanto sobresalto.

Favorece la acción, la motivación, el esfuerzo por lograr nuestros objetivos. Por eso, ser capaces de autogenerarnos alegría es tan importante. Cuando entrenas tu mente para estar alegre y feliz durante más tiempo, conseguirás recuperar salud y motivarte para tomar decisiones que pueden ser difíciles, pero que te ayudarán a llegar donde quieres estar.

Volvamos al ejemplo del cambio de trabajo. Si consigues sustituir el miedo por ilusión, por la alegría de tener un trabajo del que disfrutas, con un mejor sueldo, te pondrás en marcha a pesar de los pensamientos negativos que puedan llegar. Te sentirás con fuerza para superar los obstáculos y lucharás por ello.

Mi íntima amiga está pasando por un proceso así ahora mismo. Después de veinte años, la han despedido. Con cincuenta años y tres hijos pequeños, no es la situación más segura en la que se puede encontrar, pero ha conseguido enfocarse en su valía y en la oportunidad que esto supone para ella, para por fin cambiar un trabajo monótono por algo que le permita sacar su creatividad y hacerse valer por sí misma. Siempre me comenta que cuando sus amigos le preguntan cómo está, le dicen que es increíble que esté tan contenta y animada. Al final es una cuestión de dónde pongo mi atención.

Amor

El amor activa el sistema parasimpático. Es lo opuesto a la lucha y a la huida. Activa la relajación, el estado de calma en nosotros, para favorecer la cooperación. Segregamos serotonina y oxitocina, que nos dan sensación de calma y ganas de compartir y de ayudar.

Gracias al amor somos seres sociales, vivimos en grupo y nos cuidamos entre nosotros. Además, asegura la procreación.

La química que genera es tan fuerte y placentera que corremos el peligro de volvernos adictos y querer mantenernos con personas a nuestro lado que han dejado de hacernos bien. Cuando nuestro cerebro recuerda lo que sentía con el amor y cree que lo va a perder, activa el miedo o la rabia, para evitar, por ejemplo, una separación.

En mi opinión, es el amor la emoción que puede con todo. Es una opinión personal y no científica, pero, por mi experiencia, cuando conseguimos que el amor esté por encima de cualquier situación, conseguimos un estado emocional de bienestar. Existen técnicas para hacer crecer el amor. Sé que es difícil pensar en sentir amor por alguien que te ha hecho daño o por personas que provocan sufrimiento a otros. Incluso en ocasiones nos resulta complicado sentir amor por nosotros mismos. Pero cuando entrenamos nuestro cerebro para que pese más el amor en la balanza, todo cambia. Lo he puesto en práctica en muchos casos de conflictos familiares y de pareja y los resultados son espectaculares.

Como ves, cada una de las emociones que sentimos tiene su función y, por lo tanto, si no existiesen podríamos decir que estaríamos más muertos que vivos.

Tipos de emociones

Podemos clasificarlas en tres tipos.

Las **emociones primarias** son aquéllas que se dan como resultado directo de un estímulo. Por ejemplo, hay un temblor de tierra, siento miedo y me coloco debajo del marco de una puerta. Éstas pueden ser a su vez:

- **Saludables.** Son consecuencia de un estímulo real que está ocurriendo en el momento y te ayudan a sobrevivir. En este momento necesito esa emoción para que cumpla su función. Ya vimos en al capítulo anterior cuál es la función saludable de cada una.
- **No saludables**. Perduran en el tiempo y son respuesta a una situación del pasado que recordamos o del futuro que imaginamos. No se deben a una situación que estás viviendo en el momento presente y que necesita una respuesta inmediata. También pueden ser provocadas por algo presente, pero activada por una alarma equivocada. Es decir, cuando el «lobo» te hace perder los papeles en un semáforo porque alguien te ha pitado y te alteras y gritas defendiéndote.

Estas emociones nos perjudican. Suelen ser recurrentes y podemos volvernos adictos a ellas porque nos volvemos adictos a la química que producen. Por ejemplo, existen personas adictas al enfado. Buscan el conflicto constantemente de manera inconsciente porque al estar enfadados se sienten vivos.

También existen personas que viven como víctimas constantes. Se quejan y viven en la tristeza y el victimismo para llamar la atención o para no hacerse responsables de algunos aspectos de la vida.

Es importante tomar consciencia de esto si sientes que puedes estar en un estado de adicción emocional no saludable. Si es así, lo fundamental es poder reconocerlo. Es la parte más difícil, pero, una vez lo haces, desde ahí, sólo te queda mejorar.

Las emociones secundarias son emociones defensivas que ocultan lo que sientes de verdad. Por ejemplo, si tu hijo mete el dedo en el enchufe, le gritas y te enfadas, pero detrás está el miedo a que le ocurra algo. En este caso, la emoción primaria es el miedo, y la secundaria, el enfado. Hay hombres que gritan porque se sienten heridos y no pueden dejar que los vean llorar. Otra situación muy habitual es cuando alguien te irrita mucho. La mayoría de las veces hay otra emoción primaria detrás de esa irritabilidad. Puede ser inseguridad y que te sientas amenazado por esa persona, por ejemplo. También es importante identificar y aprender a reconocer estas emociones. Es un buen ejercicio de toma de consciencia cuando trabajemos un poco más adelante el circuito emocional. ¡Tenlo presente!

Mamen, una mujer con la que realicé un proceso de ocho semanas, se sentía enfadada todo el tiempo con sus hijos pequeños. Estaba agotada de tanto enfadarse y gritar y de que, según su percepción, los niños no le hiciesen caso y se portasen mal. Después de analizar el diario emocional con ella y de hacer el ejercicio de «poner nombre» y clasificar esas emociones, pudo detectar los factores de estrés que las producían. Mamen fue consciente de que en realidad su emoción primaria era el miedo. Cuando sus hijos jugaban haciendo un poco «el bruto», el miedo a que les ocurriese algo le producía enfado, les gritaba y siempre acababan mal. Darse cuenta de este proceso la ayudó a trabajar directamente esos miedos y no tanto el enfado en sí. Cuando consiguió controlar el miedo, fue capaz de comunicarse con ellos con mucha más serenidad, evitando tensión.

Las **emociones instrumentales** son las que utilizamos para manipular, consciente o inconscientemente. Muchas veces uno no es consciente de cómo las emplea. Un ejemplo son los niños que lloran o ponen pucheros para conseguir una chuche de los padres. El victimismo muchas veces esconde una manipulación detrás. Si doy pena al que tengo al lado y me hace caso, se comportará como yo quiero. En las parejas se puede llegar a utilizar el enfado por lo mismo, una manipulación para conseguir que el otro haga lo que yo quiero.

Nuestras emociones son las que nos mueven. Son las responsables al cien por cien de todo aquello que hacemos y de las decisiones que tomamos. Para que esas decisiones y acciones sean coherentes con el modo en que quieres vivir tu vida, necesitas aprender a dotar de inteligencia a tus emociones y, para eso, determinadas técnicas de neurociencia te ayudarán a entrenar tu cerebro y reforzar el pensamiento constructivo.

Qué es y cómo se desarrolla la inteligencia emocional

Un talento es la capacidad de desarrollar una actividad. Puede ser un deporte, un trabajo físico, artístico, utilizar una hoja de cálculo o hablar bien en público. Consiste en aprender a optimizar y mejorar una habilidad.

El talento emocional, o inteligencia emocional, es la capacidad de reconocer las emociones y utilizarlas de forma creativa a tu favor para que se conviertan en tu gran aliado y potencien al máximo tu rendimiento personal y profesional. Para que te ayuden a tomar las decisiones correctas, a relacionarte eficazmente con los demás y a proteger tu salud. En resumen, dotar de inteligencia a tus emociones para que te ayuden a conseguir tus objetivos de vida y ser más feliz.

Desarrollar la inteligencia emocional consiste en observar lo que sientes y, de esas emociones, saber identificar cuáles te ayudan a alcanzar tus metas y cuáles te lo impiden. Consiste en entrenar tu mente para conseguir que tus emociones te ayuden a crecer como ser humano. Entrenar tu mente para poder influir de manera positiva en esas emociones que sientes.

Veamos ejemplos reales de casos que han pasado por mis cursos.

Elena estaba enfadada la mayoría del tiempo que pasaba en el trabajo. Se sentía abrumada con la lista de cosas pendientes, siempre le quedaba algo por hacer. Además, su compañero de al lado no ayudaba, ya que le resultaba insoportable y su forma de ser y de actuar le producía mucha irritabilidad. Para colmo, tenía varios clientes que sentía que no la respetaban, de manera que siempre terminaba enfadada consigo misma, por no haber sido capaz de salir a su hora, o enojada con algún compañero o cliente. Seguramente, Elena tenía una fuerte percepción de no ser feliz en el trabajo. Esa sensación le producía una desmotivación que lógicamente la percibían aquéllos que trabajaban con ella, incluido su jefe. A pesar de hacer bien su trabajo, cuando surgió la posibilidad de un puesto directivo, su jefe seleccionó a otra compañera. Cuando Elena le preguntó por qué no habían contado con ella, el jefe fue muy claro: «Tu desmotivación y la actitud de enfado constante no son lo que buscamos para un puesto directivo. Buscamos a alguien que sepa mantener el ánimo y la energía a pesar de los problemas que pueda encontrarse. Queremos un líder que sea ejemplo y no se derrumbe ante la presión y que contagie optimismo al equipo».

En este caso, Elena no sólo se sentía infeliz en el trabajo, sino que, además, a causa de ello, perdió la oportunidad del ascenso que deseaba. Después de esa conversación con su jefe, decidió transformar su manera de ver su trabajo. Con el entrenamiento que hicimos juntas, fue capaz de enfocar su atención en las cosas que sí le gustaban y las que la hacían feliz en esa empresa: con sus otros diez compañeros mantenía una relación agradable, su jefe era un buen líder y podía aprender mucho de él y, además, a pesar de la carga de trabajo que tenía, nadie jamás le había reprochado nada cuando salía a su hora. Elena se dio cuenta de que la presión se la producía ella a sí misma.

Al cabo de unas semanas, consiguió cambiar su manera de interpretar lo que ocurría en su trabajo, sus emociones eran más positivas y mejoró la comunicación con sus compañeros. Comenzó a sentirse más a gusto y a disfrutar más. Al cabo de tres meses, su jefe la llamó al despacho para decirle que estaba impresionado con el cambio que veía en ella y le ofreció una participación en un proyecto muy importante de la empresa como persona de confianza.

Elena realizó un entrenamiento para alcanzar ese alto rendimiento emocional que le permitió sacar lo mejor de ella y de sus emociones, para impulsar otros resultados en su vida. Empezó a cambiar su visión, el enfoque de sus pensamientos, consiguió cambiar su estado emocional y, por ende, su comportamiento y los resultados en su empresa.

Elena pasó por las etapas del método BEGROW y gracias a ese proceso y su trabajo personal, consiguió una mejor versión de sí misma.

Ahora que conoces mejor las emociones, vamos a explorar cómo las gestionas tú para incluir tu perfil en tu esquema de personalidad y por qué es tan importante entrenarlas.

6.2. Disfrutas o padeces, tú decides

Si te pregunto cómo eres emocionalmente, ¿qué me contestarías?

Hay personas que se describen como impulsivas, otras me expresan que son demasiado tranquilas y les cuesta poner límites; he conocido casos también de personas a las que les cuesta mucho soltarse y otras que se sienten como una montaña rusa emocional.

Esto es consecuencia de que cada uno de nosotros desarrollamos un estilo de apego emocional diferente. Una parte proviene de nuestra genética y otra de la calidad de las relaciones a nivel emocional que tuvimos de niños con las personas que nos cuidaban.

La vida en familia es nuestra primera escuela para el aprendizaje emocional. Un niño que, por ejemplo, no se sintió amado o escuchado es muy posible que desarrolle una gestión emocional evitativa («Mejor ignoro las emociones para no sufrir»). Lo que en psiquiatría y psicología se llaman modelos de apego son importantes para entender cómo eres. Enseguida hablaremos de ello con más detalle, pero me adelanto para que, a partir de este momento, comiences a analizar cómo gestionas las emociones. Vamos a ir creando un esquema de tu personalidad en los próximos capítulos, una radiografía, para generar, más adelante, el plan de acción perfecto para ti.

Tu objetivo en este capítulo consiste en que identifiques de manera correcta tus emociones, que interpretes para qué están ahí, qué te están diciendo, en qué medida las somatizas, cuáles te ayudan o limitan y cuál es tu patrón emocional o modelo de apego.

¿Para qué necesitas entrenar tu rendimiento emocional?

¿Cuánto tiempo y dinero has invertido en tu vida para desarrollar talentos y habilidades que te ayudan a tener un mejor trabajo? Estudios, cursos, idiomas... ¿Y cuánto has dedicado al aprendizaje de algún deporte o *hobby* que te ayudan a divertirte y a tener una vida social amena?

Y, entre nosotros, ahora que no nos escucha nadie: ¿cuánto tiempo has invertido en entrenar tus habilidades emocionales?

Si hemos visto que las emociones tienen un impacto directo en los resultados que obtienes en tu vida, ¿tiene sentido invertir en mejorar la calidad de esas emociones?

Un ejemplo muy claro es el de los deportistas. Rafa Nadal es un fuera de serie, ¿cierto? Es un gran jugador de tenis, pero hemos conocido a otros que técnicamente han sido iguales o incluso mejores que él y que no han llegado tan lejos. ¿Cuál es la diferencia? Su mente. Rafa tiene la capacidad de controlar la frustración, el enfado o el miedo de tal manera que es capaz de volver loco al oponente por su tenacidad. Muchos otros jugadores acaban desapareciendo porque no son capaces de tener ese equilibrio en sus emociones.

Por mucho que hayas entrenado en tu vida habilidades y talentos infinitos para ser mejor en tu trabajo o en tu vida, si no eres capaz de entrenar tu agilidad emocional, tarde o temprano perderás el control de la situación y tu cerebro reptiliano te controlará haciéndote infeliz. Y lo peor de todo es que lo hará sin que casi seas consciente de ello.

Un ejemplo de cómo uno puede perder la capacidad de tomar decisiones acertadas si su estado emocional no es el adecuado es el de los médicos. El código deontológico les prohíbe tratar directamente a pacientes si son parientes cercanos en casos de enfermedades graves. El motivo es justamente éste: la carga emocional puede hacer que el médico no tome las mejores decisiones y puede poner en riesgo al paciente con independencia de lo cualificado que esté.

Por lo tanto, es importante entrenar tu rendimiento emocional porque...

La calidad de tus emociones condiciona tu comportamiento y tu manera de actuar y, por ende, va a condicionar los resultados en tu vida.

Una persona con mucho miedo a fracasar seguramente jamás se dé una oportunidad como emprendedor o busque excusas para no alcanzar puestos directivos con gran visibilidad. Y, quién sabe, quizá perdió la oportunidad de su vida de hacer lo que le gustaba.

Olga tenía tanto sentido de la responsabilidad que llevar dinero a su casa era su prioridad. A pesar de no tener necesidad económica real, el miedo a quedarse sin nada si en un futuro cambiaba su situación laboral la hacía trabajar tanto que siempre estaba agotada. Llegó incluso a dejar de disfrutar de la vida, de su familia, de los planes..., pues nunca tenía energía para ellos. Toda su energía, la física y la mental, la invertía en ser muy buena en su trabajo para ganar mucho dinero. Al cabo de unos años, cayó en una depresión provocada por su propia autoexigencia y sus miedos.

La calidad de tus emociones también condiciona tus relaciones personales y profesionales.

Olga, que nunca tenía energía para otra cosa que no fuese trabajar, dejó de ver a sus amistades y se distanció de muchas de ellas. Además, sus hijos perdieron conexión con ella, pues, sin darse cuenta, los apartaba de su lado diciéndoles que estaba demasiado cansada para escuchar sus historias. Tuvo una importante crisis con su pareja porque nunca salían juntos ni compartían *hobbies*.

La calidad de tus emociones condiciona tu salud.

En mi caso, la incapacidad de gestionar el duelo por la pérdida de mi madre y la ansiedad provocada por mi alta exigencia en el trabajo desencadenaron en mí una fibromialgia.

Seguramente, si no te ha ocurrido a ti, conocerás a alguien que haya sufrido las consecuencias del desgaste emocional: ataques de ansiedad, insomnio, herpes, problemas digestivos, infartos, presión arterial... y, así, una larga lista.

Cuando nos encontramos en estado de estrés, nuestro cuerpo segrega cortisol, la hormona que nos ayuda para prepararnos para la lucha o la huida cuando percibimos estados de alerta y amenaza. Esta liberación puntual de cortisol es útil para centrar nuestra energía en sobrevivir, pero, cuando es mantenida por mucho tiempo, produce inflamación y debilita nuestro sistema inmune, por lo que somos mucho más vulnerables. Una inflamación constante es la base de muchas enfermedades autoinmunes e inflamatorias.

Un cerebro estresado se inflama, por lo que ser capaz de controlar esos estados de alerta y de recuperar nuestra calma, es una de las mejores medicinas preventivas que tenemos.

La triste realidad es que vivimos de forma inflamatoria. Vivimos en modo supervivencia la mayor parte del tiempo: correr para llegar a todo, no descansar, enfocando la mente sólo en buscar soluciones, retos... sin dejar nada de espacio para disfrutar de los detalles, captarlos, ni realizar acciones pensando en el medio plazo. En esos instantes somos menos eficientes en el trabajo, estamos menos atentos a las sutilezas del día a día. Somos más torpes tanto intelectual como emocionalmente y, por supuesto, más propensos a caer enfermos.

La calidad de tus emociones, en definitiva, condiciona tu percepción de la felicidad.

Con independencia del momento de tu vida en que te encuentres, si gestionas los golpes desde la serenidad, serás capaz de sentirte en paz, a pesar de lo duro que sea lo que estés viviendo. Para cada uno de nosotros el concepto de felicidad es diferente, pero con todas las personas con las que he trabajado, todas, han relacionado la felicidad con esa sensación de paz interior y estabilidad emocional. Además, si la mayoría de las emociones que sientes son desagradables, tu percepción de la felicidad será menor.

Las emociones son comunes a cualquier ser humano del planeta. Da igual su país, su raza, su religión...: las emociones son universales y reconocibles para todos. Todos los seres humanos expresamos las emociones de la misma manera, incluso las personas invidentes, que nunca han visto, ríen, lloran y expresan sus emociones igual.

Esto prueba que todos los seres humanos somos iguales a la hora de sentir y emocionarnos, pero no todas las personas somos iguales.

La capacidad de activar esas emociones, de entenderlas y de gestionarlas es muy diferente para cada uno de nosotros. No a todo el mundo le enfadan las mismas cosas, ni se alegran por lo mismo. Tampoco reaccionamos igual ante las mismas emociones. En el enfado, por poner un ejemplo, unos pueden llegar a matar y otros se limitan a quitarse de en medio. Es importante que seas consciente de tus emociones: qué sientes, con qué intensidad, cómo lo somatiza tu cuerpo, cuánto tiempo perduran en ti y qué reacciones te provocan a nivel cognitivo, físico y conductual. De esta manera, podrás entender cuál es tu estado emocional e influir en el mismo de manera consciente, como vamos a ir viendo en este libro.

Por otro lado, aunque creamos que somos seres muy racionales, la realidad es que son las emociones las que toman el control cuando no tenemos un cerebro bien entrenado. ¿Quién no ha perdido los papeles en un momento dado, en pleno ataque de ira, y ha dicho cosas de las que luego se ha arrepentido? Cuando eso ocurre, las emociones toman el control de nuestro cerebro racional y lo secuestran. Es en esos momentos cuando perdemos el control y, ojo, no siempre es tan evidente como puede ocurrir en un caso de ira desproporcionada. Muchas veces, no somos conscientes de que nuestra razón está siendo secuestrada. Son esos momentos en los que la razón y el corazón dejan de estar coordinados. En los que deseas hacer algo, pero luego haces lo contrario. Cuando no existe coherencia entre razón y emoción y sientes que pierdes la batalla, estás siendo víctima de un secuestro emocional.

No olvides que las emociones son pasajeras. Nadie se siente igual cada minuto del día. Van y vienen. Si no te interesa que una emoción permanezca en ti, deshazte de ella.

Los seres humanos vivimos más equilibrados y está demostrado que tenemos más éxito en la vida, cuando el equilibrio entre la razón y la emoción es el adecuado.

Si todo esto te resulta interesante, comencemos a descubrir tu esquema de personalidad emocional. Comencemos con tu modelo de apego.

6.3. Revolución emocional y modelos de apego

Seguramente te habrás cuestionado alguna vez por qué la forma de relacionarnos con los demás es tan diferente de unas personas a otras. Algunos tienen facilidad y confianza a la hora de relacionarse emocionalmente, otros tienen miedo a ser abandonados o rechazados, otros prefieren no conectar mucho a nivel emocional, y hay personas que tienen una gran dependencia de los demás.

Como hemos visto hace un momento, nuestro mundo emocional es importante y determina nuestro modo de actuar y de relacionarnos. La elección de pareja y de las amistades están muy relacionadas con nuestra capacidad de conectar y de crear vínculos afectivos con los demás.

Esa capacidad de relacionarnos con otro individuo proviene del apego, que es un vínculo afectivo que se establece entre los seres humanos. Ese vínculo influye en la manera en la que percibimos la seguridad a la hora de acercarnos a los demás cuando la vida nos pone en situaciones difíciles.

El modelo de apego de cada uno de nosotros viene dado, en gran medida, por la relación afectiva que tuvimos con nuestros padres y las personas que nos cuidaron. Comienza desde el momento del nacimiento y de la relación de la madre con su bebé. El contacto piel con piel, la atención que recibe el niño cuando llora, la sensación de sentirse protegido, consolado. Estas sensaciones de seguridad o inseguridad en los primeros años de vida, dan lugar hasta a un 50% de lo que será nuestro modelo de apego como adultos.

John Bowlby y, más tarde, Mary Ainsworth estudiaron el impacto que tiene este vínculo emocional con nuestros cuidadores a la hora de relacionarnos como adultos. Ainsworth estudiaba las reacciones de niños pequeños de un año aproximadamente. Entraban en una sala con sus madres y jugaban un rato. Luego pedían a la madre que abandonase la habitación durante unos minutos en los que los niños se quedaban solos. Al regresar la madre, se podía observar cómo algunos niños se calmaban enseguida. Sin embargo, otros seguían enfadados y llorando durante mucho tiempo y algunos se quedaban neutros, sin capacidad de celebrar la vuelta de su madre y evitando conectar con ella. Después de realizar seguimiento a estos niños durante veintiún años, se definieron cuatro estilos o modelos de apego en los adultos que te pueden ayudar a entender cómo eres tú y cómo son las personas con las que te relacionas.

Según Bowlby, el psiquiatra que estudió este tema durante las décadas de 1950 y 1960, nuestra autoestima, la capacidad de controlar las emociones y la calidad de nuestras relaciones se ven afectadas por nuestro estilo de apego.

Los cuatro modelos de apego

1. **Apego seguro**. El niño ha aprendido que esa persona va a estar ahí para él y se siente seguro. Estos niños, en el experimento, eran capaces de calmarse rápido

en cuanto volvían sus madres. Son niños que fueron atendidos cuando lloraban, fueron escuchados y calmados. Estos niños se reconocen porque son capaces de separarse de sus padres (confían en que van a volver) y, cuando éstos vuelven, son capaces de celebrar el reencuentro con emociones positivas. Cuando están asustados, acuden a ellos porque se sienten protegidos. Si como adultos hemos desarrollado un apego seguro, tendremos facilidad por establecer relaciones de confianza y duraderas en el tiempo. Nos sentiremos cómodos compartiendo nuestras emociones con personas de confianza, nuestra autoestima será sólida y, en general, no tendremos dificultades para crear relaciones.

2. **Apego ansioso-ambivalente**. Se ha demostrado que está relacionado con la baja disponibilidad paterna o materna en la infancia. No es muy común, pero el resultado es la tendencia a desconfiar mucho de los extraños. Los niños con apego ansioso-ambivalente se angustian mucho si se van sus padres, desconfían de los desconocidos y les cuesta ser consolados después de una ausencia. Pueden incluso mostrarse enfadados con los padres cuando vuelven. Como adultos, son personas reacias a acercarse a los demás, tienen miedo de no ser queridos y sienten angustia cuando se enfrentan a separaciones o cuando se termina una relación de pareja, por ejemplo. Pueden vivir sus relaciones con preocupación constante, pensando que el otro no los quiere o que los va a abandonar.
3. **Apego evitativo**. Estos niños aprendieron que las relaciones no sirven de nada y, por lo tanto, evitan relacionarse con los demás para «no sufrir». Son niños que en algún momento deciden de manera inconsciente que intentar crear vínculos con alguien es inú-

til. Estos niños parecen fríos, no buscan contacto con sus padres, parece que no les afecta si éstos están o no, ni se alegran ni buscan el contacto con ellos cuando regresan. Como adultos, pueden tener problemas a la hora de crear intimidad con otras personas. Les cuesta formar vínculos emocionales con otros, pueden desarrollar miedo al compromiso, no saben cómo consolar al que tienen enfrente y pueden utilizar la estrategia de estar muy ocupados para evitar intimar.

4. **Apego desorganizado**. Niños que han vivido una realidad confusa, con momentos de consuelo y momentos difíciles. Han convivido con padres poco equilibrados emocionalmente, de manera que esos niños no sabían qué se iban a encontrar cada día: si un abrazo o un conflicto. Para defenderse muestran una ausencia de apego y se comportan mezclando la resistencia a la intimidad, el enfado o la evitación. En ocasiones, acaban siendo los cuidadores de sus progenitores. Tuvieron padres muy miedosos, ansiosos e inestables que les produjeron confusión. Los adultos que han desarrollado este estilo de apego pueden desarrollar relaciones de «amor-odio». Miedo al abandono, pero, al mismo tiempo, dificultad para intimar.

Entender el apego es crucial para que puedas comprender tus mecanismos psicológicos a la hora de reaccionar ante los demás. En el trabajo, con tus amistades, a la hora de elegir y vivir en pareja, reconocer tu modelo de apego te va a dar muchas pistas para que podamos trabajar sobre aquello que sientes que te gustaría mejorar. Además, si tienes hijos, tienes la oportunidad ahora, de manera consciente, de influir en ellos y ayudarlos a desarrollar un apego seguro.

Afortunadamente, tu relación con tus cuidadores no es la única variable que define tu personalidad y, lo más importante, esa relación no te define ni te marca de por vida. No condiciona tu futuro. La idea es que tomes consciencia de cómo eres, que entiendas cómo ha influido tu infancia, y trabajar para superarlo y convertirte en esa persona que quieres ser.

Es importante comprender que lo que vives en tu infancia, tu cerebro lo clasifica como algo conocido. Normal. Aunque fuese difícil y doloroso. Por eso a veces repetimos patrones sin darnos cuenta. Un estudio en Estados Unidos llegó a la conclusión de que muchos hijos de padres alcohólicos y abusivos terminaban teniendo comportamientos similares de adultos. A pesar de haber sufrido como niño, hay veces que el cerebro, al entenderlo como lo normal, lo repite como patrón aprendido.

Indagar en tu pasado tiene únicamente el objetivo de comprender para poder romper patrones que no te ayudan. Entiende que tus padres hicieron las cosas lo mejor que supieron. No juzgues. En la medida de lo posible, utiliza la información para aceptarte y mejorarte.

Claudia acudió a mí porque, a sus cuarenta y nueve años, no conseguía una pareja estable. El patrón de hombres con los que se relacionaba era parecido: no querían compromiso, tenían varias historias sentimentales a la vez, eran divertidos y se dejaban cuidar por ella. Claudia desea ser amada, cuidada, sentirse segura en pareja (como todos), pero eligió mal. El modelo de hombres con los que estaba le activaba sus hormonas adictivas, como la dopamina, que la hacían engancharse a ellos, pero no conectar emocionalmente con vínculos reales ni abrir la posibilidad de una vida en común a largo plazo.

A pesar de ser consciente de que son relaciones sin futuro, entra en ellas y, cuando terminan, sufre. Sufre mucho con el abandono y con la sensación de estar y de sentirse sola. Al recordar su infancia, fue consciente que repetía los patrones de sus padres. Su padre fue infiel y en su casa parecía una tontería sufrir por ello porque se consideraba algo normal. Su madre tragaba, aceptaba y siguieron juntos toda la vida. Hoy viven felices, pero Claudia repite los patrones de su madre. Su afectividad con los hombres queda en la superficie. En las risas, en la sensación de poder cuando los cuida, pero no es capaz de intimar y poner límites, pues para su «lobo» eso es lo normal. Darse cuenta de esto fue el primer paso para comenzar a escribir sobre lo que de verdad esperaba de una pareja y sobre los límites y las líneas rojas por las que no podía ni quería pasar. Entender que la atracción inicial de la química de su cerebro no era amor real, la está ayudando a modelar las prioridades de su mente a la hora de elegir pareja.

Ahora, te toca a ti definir tu modelo de apego y comenzar de manera práctica a construir ese esquema de tu personalidad emocional. Si dudas, puedes orientarte con ese test que puedes descargar aquí.

6.4. Abraza tus emociones y gana

La inteligencia emocional es la capacidad de ser consciente de nuestras emociones, de entenderlas y regularlas de manera adecuada para que jueguen a nuestro favor. Es decir, la capacidad de darme cuenta de que siento enfado, por ejemplo, de entender qué me provoca ese enfado mirándome dentro («No me enfado por lo que me hace el otro, sino por lo que provoca en mí esa persona») y ser capaz de deshacerme del enfado rápido si éste no me ayuda.

¿Te consideras una persona emocionalmente inteligente? Algunas me responden que sí cuando les hago esta pregunta, pero lo que me encuentro cada día en mis sesiones son personas que jamás se han parado a pensar si sus habilidades emocionales están bien o no.

De hecho, las personas menos emocionales suelen sentirse mejor siendo así y no mostrando emociones o evitándolas. Su «lobo» las convence de que contener las emociones es lo mejor que pueden hacer. No entienden por qué no prestar atención a las emociones puede ser un problema. Les cuesta empatizar y no se dan cuenta de que esa falta de emotividad afecta negativamente a las personas que tienen cerca. Y lo peor de todo, no saben que, si lo entrenasen, su vida sería mucho más agradable.

Por el contrario, las personas que sí son conscientes de sus emociones, cuando llegan a mí es porque no saben cómo controlar los «secuestros emocionales». Un secuestro emocional se produce cuando nuestro querido «lobo» toma el control de la razón y salta como una fiera. Se suele dar mucho con la ira. ¿A quién no le ha ocurrido en un momento de enfado ponerse a gritar sin control a un hijo o una hija y luego arrepentirse? A veces parece que nos convertimos en otra persona. Cuando estos altibajos emocionales son muy frecuentes o se dan en un contexto determinado (con una persona que me irrita, en casa con nuestros hijos o con nuestra pareja o en el trabajo), también es importante aprender a entender y a controlar lo que provoca al «lobo» y, sobre todo, calmarlo.

Pues, a pesar de todo, hay personas que sin querer permiten que su «lobo» justifique esos arrebatos emocionales culpando a otras personas o a una situación externa por haberlas provocado. No son capaces de responsabilizarse de sus reacciones. Un ejemplo límite son los maltratadores que justifican la violencia con sus hijos porque consideran que deben enseñarles o educarlos y pueden justificarse diciendo que los niños no obedecen. O las personas que están tristes a todas horas y se quejan para conseguir que los demás les presten atención.

Para que puedas conocer cómo está tu agilidad emocional de una manera más objetiva sin justificarte a ti mismo, te animo a realizar este test que puedes descargar aquí. Atención a la hora de leer los resultados, no son los mismos si eres hombre o mujer.

Vamos ahora a interpretar tus resultados.

En este test se miden tres parámetros:

1. Atención. Este parámetro mide la capacidad de sentir y expresar las emociones de forma adecuada. Hay personas a las que les cuesta más y no prestan atención a lo que sienten. Otras, sin embargo, pueden estar secuestradas más a menudo por esas emociones que dirigen su vida más de lo normal.

Si tu puntuación es baja, significa que prestas poca atención a tus emociones. Si es tu caso, puedes estar impidiendo que esas emociones hagan su función de manera saludable.

Inconscientemente, piensas que ignorarlas es mejor, pues te evitas problemas, pero, como ya hemos visto durante este libro, no poner atención a nuestras emociones puede traer conflictos.

Pongamos un ejemplo. En una relación de pareja después de una discusión, una persona que no presta atención reaccionará como si nada ocurriese. Evitará seguramente el diálogo o las discusiones y esperará a que todo pase sin más. Un comportamiento así puede ser un problema a largo plazo. Por un lado, porque la otra persona puede interpretar esa «frialdad» como falta de interés y dañar la relación y, por otro, evita el diálogo, lo que tampoco ayuda a resolver la base del inicio del conflicto y así no se le puede dar solución.

Si estás en este grupo, te animo a que comiences a prestar atención a lo que sientes. Ejercicios como el diario emocional son muy útiles para entrenar tu mente y ayudarla a conectar con tus sentimientos.

Otro ejercicio que puedes hacer es, antes de dormir, dedicar diez minutos a analizar tu día. Recordar momentos en los que te hayas sentido bien, otros en los que no y, una vez más, escribir cómo te has sentido. **Dar nombre a esas emociones.**

Si tu puntuación es alta, significa que prestas demasiada atención a tus emociones. El peligro en este caso es que dichas emociones te secuestren. Pierdes la objetividad a la hora de interpretar la realidad y te conviertes en una persona más inestable. Una montaña rusa emocional.

En el ejemplo anterior, una persona después de tener una discusión de pareja, si está enfadada al terminar la pelea y se centra en el enfado sin descanso, aparte del cortisol que se mete por las venas, sólo va a conseguir alargar la situación y la incomodidad, pues ya hemos visto que el enfado lleva al enfado. Le será más difícil poder ser objetiva o intentar ponerse en el lugar del otro. Al mismo tiempo, será complicado poder comunicarse y tener una conversación objetiva y serena que ayude a resolver el conflicto y conseguir un acuerdo por ambas partes. Conozco muchos casos de personas que después de una discusión pasan incluso días sin hablar a su pareja. Reacciones como ésta no son saludables para nadie.

Si te encuentras en esta situación, es importante que cuando detectes que tu mente te lleva a esa emoción, pares. Detente unos segundos y hazte las siguientes preguntas:

- ¿Es realmente grave esta situación?
- ¿Puede ser que esté exagerando y que mi reacción sea desproporcionada?
- ¿Tengo otras formas de plantear esta situación que me ayuden a estar más en calma?
- ¿Podría analizar esta situación desde otra perspectiva?

Así, poco a poco, enseñarás a tu mente a frenar y a apartar la atención de esa emoción cuando no sea necesaria y te perjudique.

2. Claridad. Mide la capacidad de entender esas emociones. Es decir, qué emoción estoy sintiendo, qué provoca en mí, y si esa emoción es necesaria en ese momento o no.

Si tu puntuación es baja, significa que con independencia de la atención que pongas a tus emociones, no eres muy consciente de qué las provoca o de qué te hace ignorarlas. Esto es bastante común, ya que para tener claridad uno necesita conocerse muy bien. Es necesario sacar al «lobo» de la cueva.

Si, por ejemplo, en el trabajo hay un colega que te irrita mucho, tener claridad te ayudaría a identificar por qué te pone tan nervioso. Puede ser que tú seas una persona muy activa y tu compañero más tranquilo y te recuerda a alguien de tu pasado que era así. Podría ser que te hace sentir inseguro o atacado con su forma de comunicarse contigo... Cada emoción que sentimos tiene un disparador individual en ti. Identificar ese disparador es tener claridad emocional.

Si has identificado que necesitas mejorar tu claridad, prueba a plantearte las siguientes preguntas:

- ¿Qué me está diciendo este enfado?
- ¿Por qué me afecta tanto?
- ¿De qué me está protegiendo?
- ¿Es este enfado saludable?
- Si el enfado no es saludable, ¿qué gano manteniéndolo?
- Si es saludable, ¿qué tengo que hacer para que cumpla su función?

3. Reparación. Mide la capacidad de volver a la calma tras sentir una emoción de manera intensa.

Si tu puntuación es baja, es importante comenzar a entrenar el autocontrol. Significa que permites que la emoción se apodere de ti más tiempo del necesario. Es el clásico ejemplo del runrún mental que nos recuerda una y otra vez una situación desagradable y no somos capaces de liberarnos de ella.

Si estás en este punto, el ejercicio del circuito emocional te va a ayudar mucho a que consigas volver a un estado de serenidad. Otro ejercicio que ayuda es la respiración. Si sientes que estás alterado, tómate un momento y cierra los ojos. Pon atención e intenta inspirar y después espirar en el doble de tiempo. Por ejemplo, inspiras en cuatro tiempos y espiras en ocho tiempos. De esta manera, conseguirás activar el sistema parasimpático que ayuda a calmar la tensión emocional. Este paso es fundamental antes de darte espacio a redireccionar tus pensamientos. Si estás muy agitado emocionalmente, es más complicado pensar con objetividad.

¿Te ha sorprendido el resultado del test? Tal vez no y has reafirmado tus sospechas. Lo importante ahora es que, gracias al modelo de apego, al test de agilidad emocional y al diario emocional, ya tienes una idea más clara de tu esquema de personalidad basado en la *E* de BEGROW.

Te voy a pedir que completes este cuadro con los resultados de tus test y que escribas repasando tu diario emocional, cuáles son las emociones que más se dan en ti. Esta información la utilizaremos cuando lleguemos a tu plan de acción.

Tabla 2. Esquema del modelo emocional

APEGO	ATENCIÓN EMOCIONAL	CLARIDAD EMOCIONAL	PREPARACIÓN EMOCIONAL	LAS EMOCIONES QUE MÁS SE REPITEN EN MI DIARIO EMOCIONAL
SEGURO EVITATIVO ANSIOSO DESORGANIZADO	CAPAZ DE SENTIR Y EXPRESAR EMOCIONES DE MANERA ADECUADA PRESTO POCA ATENCIÓN Y NO EXPRESO EMOCIONES PRESTO DEMASIADA ATENCIÓN Y ME AFECTAN DEMASIADO MIS EMOCIONES	COMPRENDO MIS ESTADOS EMOCIONALES DE MANERA ADECUADA NO COMPRENDO MIS ESTADOS EMOCIONALES SOY EXCELENTE COMPRENDIENDO MIS ESTADOS EMOCIONALES	REGULO ADECUADAMENTE MIS EMOCIONES ME CUESTA REGULAR MIS EMOCIONES REGULO MIS EMOCIONES DE MANERA EXCELENTE	

Fuente: Elaboración propia.

Para ir ayudándote mientras llegas al final del libro, déjame recordarte dos ideas que a mí me ayudaron mucho, en su momento, a cambiar mi percepción sobre mi estado emocional:

- **Recuerda que las emociones son siempre pasajeras.** Nadie se siente igual las veinticuatro horas del día los siete días a la semana. Al leer tu diario emocional, te habrás dado cuenta de ello. Por lo tanto, si estás sintiendo una emoción que no crees útil en ese momento, no te angusties. Hasta que aprendas a regularlas, intenta imaginarla como lo que es, **una energía que tarde o temprano se va a ir y recuerda que tú estás modelando tu mente para conseguir alejarla cada vez más rápido y mejor. Quítales poder.**

- **Recuerda que tú puedes crear emociones diferentes a través de tu forma de pensar**. Algo importante también a la hora de quitarles poder.

¡Enhorabuena! Ya has superado la primera fase dando claridad a esa habitación oscura.

Seguimos entonces con la *G* de GOAL.

7

Goal: más allá de las metas vacías

Quiero comenzar este capítulo con la siguiente pregunta:

¿Para qué te levantas cada mañana?

En muchos de los procesos de *mentoring* que realizo comienzo con esta pregunta y el 85% de las personas no sabe contestarme. ¿Y tú? ¿Lo sabes?

Si la respuesta es sí, enhorabuena. Estás dentro de ese 15% que tiene una idea sobre para qué hace lo que hace cada día y no vive en piloto automático (o sí...). Si estás en este punto, es importante plantearte si lo que haces cada día te acerca a tu propósito, a ese para qué, y si existe coherencia contigo y tu ser.

Ayudarte a hacer esta reflexión es el objetivo de este capítulo.

Si tu respuesta es no, tampoco hay que preocuparse en exceso. El pasado es pasado y, desde este mismo momento en el que lees esto, no hacerte esa pregunta ya forma parte de tu pasado. A partir de ahora, vamos a hacer clic en tu cabeza. Quiero que dejes de sobrevivir como si estuvieses dentro de una rueda de hámster. Quiero que acostumbres a tu mente a ser consciente de que la vida es un auténtico regalo.

Es un milagro que no puedes desaprovechar simplemente dejándote llevar o sobreviviendo como puedes. Yo pasé por ahí y te aseguro que no te acerca en absoluto a la sensación de felicidad.

Ahora piensa, ¿lo que haces y cómo vives da sentido a tu vida? ¿Te ayuda ese «para qué» por el que te levantas cada mañana?

Muchas de las personas a las que acompaño llegan con la sensación de que no tienen una mala vida, pero se sienten aburridas, vacías, sienten que viven sin disfrutar. Recuerdo también el caso de Ángela, que me contaba, en nuestra primera cita, que había pasado años trabajando para ser ejecutiva en un banco importante. Lo había conseguido y disfrutaba de su familia, pero sus emociones no eran de serenidad ni felicidad. Cuando esto ocurre, suele ser consecuencia de estar viviendo con incoherencias respecto a nuestros valores y nuestra esencia.

Cuando nos sentimos así, además, nos atormenta una culpa inconsciente por quejarnos cuando, en realidad, no tenemos grandes dramas. ¿Te suena?

El antídoto para esta sensación se llama **coherencia**. Es importante vivir con coherencia entre:

quién eres,
lo que deseas,
lo que piensas,
lo que dices
y lo que haces.

Hay personas que hacen lo que creen que deben hacer para conseguir un objetivo que creen que desean, pero si este objetivo no está alineado con quien eres, con tus valores, no te sentirás en paz cuando lo logres. ¿Cuántas personas eligen su profesión porque tiene más posibilidades de ganar dinero a pesar de no ser algo que disfruten? Parejas que se han casado, porque «es lo que toca», por presión familiar y sin pararse a analizar si de verdad quieren y tienen la voluntad de luchar por ese amor.

Blanca, una de mis alumnas, tenía un trabajo que le gustaba, pero los estándares de la empresa la obligaban a imponer normas que ella consideraba poco éticas y eso la hacía sufrir enormemente y le producía una tensión emocional que le impedía pensar en otra cosa y disfrutar de su trabajo.

En otras ocasiones, pensamos y expresamos nuestros deseos, pero somos incapaces de actuar con coherencia para conseguirlos. Si deseas tener salud y crees que es importante, necesitarás cuidar la alimentación, hacer deporte y controlar el estrés. Si no lo haces, empezarás a culparte y a sentirte mal contigo mismo por no priorizar aquello que sabes que importa.

En otras ocasiones, el problema reside en no tener una idea clara de quién soy o de lo que de verdad quiero. Por falta de conocimiento de mis valores, por falta de tiempo dedicado a reflexionar sobre la persona que quiero sacar a la luz. La sociedad en la que vivimos nos proyecta a todos a ser robots y a buscar la misma vida. El concepto del éxito se relaciona con el dinero y el lujo o con un puesto de alto nivel en el trabajo. La sociedad en la que vivimos no da espacio para que nos desarrollemos de manera individual. Desde niños nos introducen en el «proceso de producción de adultos exitosos».

Nos dicen que la única manera de conseguir ese éxito es sacando buenas notas para conseguir ser alguien y tener un buen trabajo. Es cierto que el sistema nos obliga a entrar en esa competición, pero no olvidemos que grandes personajes como Einstein, Steve Jobs, Walt Disney, Henry Ford, Mary Kay Ash o Ralph Lauren llegaron lejos sin necesidad de pasar por la universidad. Y con esto no quiero decir que no haya que estudiar, por supuesto, simplemente quiero poner en contexto que no todo el mundo necesita pasar por la misma línea de producción. Es más importante saber quién eres, cuáles son tus cualidades, ser educado en valores como el esfuerzo y, sobre todo, ser coherente con lo que piensas, dices y haces.

No somos conscientes del poder que tenemos los adultos en los niños ni de cómo podemos llegar a limitar su crecimiento con nuestros comentarios y nuestras propias creencias limitantes. No nos enseñaron a desarrollar nuestros talentos con libertad. Yo amo los animales, siempre los he amado. Quería ser veterinaria porque en realidad era lo único que conocía que se podía hacer que tuviese que ver con el mundo animal. Recuerdo que la veterinaria que vacunaba a nuestros perros me dijo que no estudiase esa carrera, que la vida del veterinario era muy aburrida y no se ganaba dinero. Me marcó tanto que acabé estudiando publicidad sin ni siquiera saber el porqué.

Es verdad que hemos avanzado y hay padres y centros escolares que son más abiertos, pero nos queda mucho por hacer. Por eso, este capítulo es tan importante.

Te invito a tomar consciencia de quién eres y para ello pasaremos por estas etapas:

1. Conocer tus principales valores.
2. Revisar cuán equilibrada está tu vida.
3. Entender cuáles son tus motivaciones más fuertes en función de tu personalidad.
4. Detectar dónde están esas incoherencias que hacen que no sientas que vives en plenitud o que te provocan estrés emocional.

En resumen, entrenemos tu mente para que puedas reflexionar en profundidad sobre aquello que te hace feliz de verdad y para que puedas alinear esa información con tus objetivos de vida. No se trata únicamente de pensar qué esperas de la vida, sino también de reflexionar sobre lo que la vida espera de ti.

Me encantaría que la próxima vez que alguien te pregunte «¿Para qué te levantas cada mañana?» o «¿Cuál es tu propósito de vida?», tengas muy claro qué contestar.

7.1. Valores, la búsqueda de significado

Mi amiga Sonia se ha casado cuatro veces. Todos sus matrimonios han acabado en divorcio y no consigue una pareja estable. Un día me preguntó: «Isabel, ¿por qué tengo tan mala suerte con los hombres?». Yo, que la conozco bien, le contesté: «Sonia, ¿de verdad crees que es cuestión de suerte? ¿Te has parado a pensar desde dónde escoges a tus parejas?». Sonia se quedó callada y, al cabo de unos segundos, me dijo: «La verdad es que nunca me lo he planteado».

Quedé con ella otro día para hacer una sesión de valores enfocada en la pareja y, hora y media más tarde, Sonia salió con las ideas claras. Ya no responsabilizaba a la suerte de sus fracasos en pareja. Fue consciente de que el hecho de no tener en cuenta los valores cuando tomaba decisiones en el amor le había impedido elegir mejor.

Lo que le ocurría a Sonia es algo común. Los valores nos acompañan y nos guían día tras día, pero pocas veces nos paramos a entender cuáles son más o menos importantes para cada uno o lo que significa un valor para mí.

Los valores son los parámetros por los que cada uno de nosotros sentimos que algo es bueno o que no lo es. Son los que nos guían a la hora de tomar decisiones, a la hora de priorizar y, en sociedad, nos ayudan a avanzar como colectivo, guiando nuestras relaciones personales y profesionales.

Dada la importancia que tienen como guía en nuestra vida, deberíamos conocerlos y vivir en coherencia con ellos.

El problema es que no siempre lo hacemos y es en esos momentos cuando tomamos malas decisiones, tenemos conflictos con otras personas o «sentimos» que hay algo que no estamos haciendo bien y nos genera sensación de infelicidad.

Conocer tus valores vitales (aquellos más importantes para ti) es una vía fundamental para guiar tu toma de decisiones, para elegir tus relaciones, para sentir que vives con coherencia y para tener fuerza cuando tengas que tomar decisiones difíciles.

Cómo afectan los valores en tu vida

Son tu guía para tomar decisiones

Piensa en cuántas decisiones tomas cada día. Son muchísimas: ¿a qué hora pongo el despertador?, ¿qué camino elijo para ir a trabajar?, ¿sonrío a esta persona o no lo hago? Muchas decisiones que quizá no sean de vital importancia. Sin embargo, otras tienen consecuencias más significativas a medio y largo plazo, como decidir con quién compartir mi vida en pareja, cambiar o no de trabajo, hacer deporte o asociarme con alguien en un negocio.

El estado emocional influye en nuestra toma de decisiones, como hemos visto anteriormente, y podemos cometer errores si nos dejamos llevar por nuestras emociones en lugar de usar nuestra corteza prefrontal. Si, por ejemplo, siento que necesito tomar la decisión de separarme porque la relación nos hace infelices, puede que el miedo a enfrentarme a mi nueva situación económica me frene y no acabe de tomar la decisión a pesar de vivir con discusiones diarias.

Una forma efectiva de compensar ese miedo que tiene el «lobo» es explicarle los valores que son importantes para ti cuando vives en pareja, hacerle ver que no estáis viviendo de acuerdo con esos valores y darle razones objetivas para que entienda que, a pesar de las dificultades a corto plazo, el esfuerzo merecerá la pena a la larga.

Además, tomar decisiones siempre implica renunciar a algo. Cuando elijo entre «A» o «B», si al final me decido por la opción «A», estoy renunciando a «B». A veces es fácil decidir, pero otras veces no lo es precisamente por esa renuncia. Renunciar no nos resulta agradable, pero forma parte de cualquier toma de decisión.

Pongamos un ejemplo: me ofrecen un ascenso en mi trabajo. El ascenso implica un mejor salario, más responsabilidad y mejor estatus en la empresa. Sin embargo, también implica viajar todas las semanas y estar fuera de casa durante tres días. Además, mi carga laboral significará tener poco tiempo durante la semana para mí, para mi familia o para el ocio. Éste es un caso común que he vivido con muchas personas. Debo valorar el salario, la proyección laboral, el tiempo con la familia y el tiempo para hacer deporte. ¿Cómo priorizo? Aquí es donde entran en juego los valores.

Pongamos ejemplos sobre cómo se enfrentaría una persona a esa decisión según su conciencia en valores. Teniendo en cuenta que para ella los siguientes cinco valores son los más importantes en este orden: la salud, la familia, la paz interior, el dinero y la libertad.

Exponemos tres situaciones diferentes:

1. No soy consciente de los valores más importantes para mí, por lo que vivo a ciegas, guiado por la intuición y decido aceptar el nuevo trabajo porque pienso que ya me iré organizando sobre la marcha.
2. Me dejo llevar por los valores que prioriza la sociedad o las personas cercanas a mí, confiando en que son el camino correcto. Como mi entorno valora mucho el éxito

profesional y económico, acepto para ganar más dinero, ya que también es relevante para mí.

3. Cuando tomo decisiones lo hago desde los valores que son fundamentales para mí, mis valores vitales. Soy consciente de que mi salud y mi familia son dos de mis valores principales. El dinero y el éxito profesional también son valiosos, pero tengo claro que están por debajo de mi familia y mi salud. Entonces, elijo renunciar y seguir donde estoy.

¿Cuál crees que será la mejor decisión a largo plazo para esta persona? Me refiero a cómo se sentirá después de tres o cuatro años en ese nuevo puesto de trabajo. ¿Qué decisión le proporcionará una sensación de coherencia? ¿Qué decisión le permitirá rendir mejor en su trabajo? Seguramente la tercera opción, ya que se mantiene alineada con sus prioridades.

Sin embargo, una persona cuyos valores vitales son el éxito profesional, el esfuerzo, la salud, la familia y la libertad, seguramente, a largo plazo, se sentirá mejor habiendo aceptado el ascenso.

Por lo tanto, conocer cuáles son tus valores vitales y su orden de prioridad te ayudará cuando te enfrentes a dilemas importantes. Sabrás valorar mejor las opciones y no te dolerá tanto la renuncia, pues tendrás muy claro por qué elegiste esa opción.

Te ayudan a elegir y mejorar tus relaciones

Como seres sociales que somos, necesitamos relacionarnos desde el amor y también de una manera efectiva con los demás. Aunque en la etapa de la *O* de BEGROW te daré claves de cómo lograrlo, quiero adelantar lo importante que son los valores en este ámbito.

En el caso de Sonia y sus fracasos en la pareja, lo que descubrió es que sus cinco valores vitales eran la salud, la familia, la integridad, la amistad y la alegría. A la hora de elegir pareja, Sonia se fijaba en otros valores como la diversión (compartir *hobbies*), el amor desde el punto de vista sexual, el éxito profesional o la alegría. A ella la atraían esos valores, que son maravillosos, pero no profundizaba si esa pareja compartía con ella los valores como la familia, la integridad o la amistad. A medida que avanzaban sus relaciones, se daba cuenta de que sus parejas no daban importancia a esos valores que eran prioritarios para ella y eso es lo que provocaba grandes diferencias y contratiempos en estas relaciones.

Para que una relación funcione, ya sea personal o profesional, es fundamental que conozcamos a esa persona lo suficiente como para saber si compartimos valores y también si esos valores significan lo mismo para las dos partes.

Hay que tener en cuenta que para mí el amor en pareja, por ejemplo, no tiene que ser lo mismo que para otra persona. Hay personas que entienden y normalizan el amor con infidelidad y otras no. Otro ejemplo podría ser la integridad compartida con alguien con quien vas a montar un negocio. Para un ejecutivo, tener como objetivo facturar el ticket más alto puede ser íntegro y para otro sería mejor facturar sólo lo que su cliente necesita. Y con esto no pretendemos juzgar a las partes. Simplemente, es importante que tengas claro con quién estás, para asegurarte de que esa relación puede tener más posibilidades de éxito a largo plazo.

Esto no significa que vayamos como locos analizando a todo el mundo, pero si vas a asociarte con alguien, si necesitas confiar en un amigo o vas a comprometerte en pareja, es imprescindible.

Para conocer a alguien no es necesario hacer un test de personalidad. Simplemente, sabiendo tú cuáles son tus valores vitales, puedes sacar temas durante las conversaciones del día a día, para entender lo que significa para esa persona ese valor y qué importancia le da. Al menos, te asegurarás menos sorpresas desagradables.

Vivir con coherencia

No sabes la cantidad de veces que me llaman para pedirme cita para un proceso de transformación y, cuándo les pregunto «¿Qué te ocurre?», la respuesta es «No lo sé».

Muchas personas viven con malestar en su trabajo o en su vida personal y no tienen una razón clara por la que quejarse.

Frases como «Siento que vivo en piloto automático y no disfruto», «Tengo un buen trabajo y no tengo problemas graves, pero no me siento feliz», «Estoy agotada mentalmente», «Creo que algo estoy haciendo mal»... las escucho casi a diario.

Si sientes que alguno de estos pensamientos te acompañan a menudo, puede ser que estés maltratando alguno de tus valores vitales sin darte cuenta.

Te voy a contar mi experiencia personal. Mis cinco valores vitales son: la salud, la familia, la amistad, la paz interior y el dinero. (Te confieso que tardé en aceptar que el dinero era importante para mí. Me daba vergüenza reconocerlo. Ten esto en cuenta cuando definas los tuyos para no autoengañarte).

Cuando comencé a trabajar en la empresa en la que estuve diecisiete años era feliz. Tenía veintidós años y los viajes por el mundo, el aprendizaje a nivel laboral y los ascensos no eran incoherentes con mis valores vitales. No tenía hijos y veía a mis padres y hermanos con regularidad. Pasaba tiempo con mis amigos los fines de semana, ganaba dinero y, aunque la paz interior no era un punto fuerte de mi trabajo, era demasiado joven para sentir las consecuencias que el estrés podía tener en mí. Pero la vida avanza, vamos cambiando y el orden de nuestros valores también se va modificando.

Cuando fui madre y no disfruté de mis bajas maternales —ya era socia de la empresa—, algo se revolvía en mi interior. El estrés y los viajes ya habían afectado a mi salud, pero no hacía caso. No lo sabía reconocer. Seguía ganando dinero, pero el resto de mis valores los estaba maltratando. No pasaba tiempo con mis hijos, viajaba y el trabajo me producía mucha ansiedad. Tampoco tenía tiempo para cuidarme o hacer deporte. De hecho, terminé en un quirófano de urgencia porque no cuidaba mi hernia lumbar y me quedé coja.

Tardé demasiado tiempo en darme cuenta. Ya sabes que somos los reyes del autoengaño y yo justificaba mi éxito profesional y económico por encima de todo, disfrazándolo de responsabilidad. Como era responsable, me estaba autodestruyendo sin verlo.

Te cuento todo esto para que puedas analizar qué está fallando en tu coherencia con tus valores. Si tienes la intuición de que «algo no está bien», te invito a que con este ejercicio identifiques tus valores vitales y reflexiones. Normalmente en mis formaciones y procesos dedicamos bastante tiempo a trabajar los valores. No puedo plasmar todo el desarrollo en estas páginas, pero sí quiero regalarte un ejercicio que te facilite crear esa pirámide de valores vitales para que los puedas incluir en tu esquema de personalidad y te ayude a detectar aquello que puede estar produciendo un estrés emocional en ti.

Ten en cuenta también que vivir un valor de manera extrema puede provocar desequilibrio emocional. Por ejemplo, una persona que vive la justicia al máximo puede perder la serenidad y enfadarse mucho cada vez que considera que algo no es justo, provocando esos picos de estrés que muchas veces se podrían evitar. En un caso así, esa persona debería trabajar en su plan de acción para aprender a relativizar la importancia que da a ese valor.

Ejercicio de la pirámide de valores vitales

Unas recomendaciones antes de que comiences a realizar el ejercicio:

- **Recuerda que los valores pueden cambiar en tu lista de prioridades a lo largo de la vida**. Puedes realizar este ejercicio siempre que quieras, ya que no siempre nos queda claro desde un principio cuáles son los valores más importantes para nosotros. Con el tiempo acabarás eligiendo tus cinco valores vitales con mayor claridad. Y recuerda no juzgarte. Todos los valores son buenos siempre que no se vivan de forma extremista.
- **Intenta definir** de la forma más específica posible lo que significa ese valor para ti.
- Cuando tengas el ejercicio, puedes **hacerle una foto** y así tendrás tus valores presentes contigo para recordarte quién eres en momentos en los que necesites conectar con tu esencia.

¿Cómo realizar el ejercicio?

1. De la lista de valores que se muestra en la imagen, elige quedarte con cinco de ellos. Sí, únicamente cinco. Los que consideres fundamentales para ti.
2. Define qué significa para ti cada uno de esos valores. Ya comentamos que para cada persona pueden tener significado diferente.
3. Ordena los valores priorizando del más importante de todos al menos importante. El V1 sería el que consideras el más importante y el V5, el menos importante.
4. Reflexiona sobre lo que ves. Puedes hacerte las siguientes preguntas:

- ¿Estoy viviendo en coherencia con esos valores mi vida en pareja, en mi trabajo, en mis relaciones?
- ¿Siento que echo en falta en mi vida cuidar más alguno de ellos?
- ¿Puedo relacionar los momentos de conflicto o malestar con la falta de coherencia en algún valor? ¿Y respecto a las relaciones?
- ¿Qué puedo hacer para equilibrar esa pirámide en las diferentes áreas de la vida?

Aunque este trabajo no sea tan profundo como el que realizo en las mentorías y los cursos, te va a ayudar para tener una base de conciencia que puedes incluir en tu esquema de personalidad.

Ilustración 5. Pirámide de valores

LISTADO DE VALORES

Autoestima
Austeridad
Amistad
Alegría. Felicidad
Autocontrol
Apoyo
Cariño
Creatividad
Cooperación
Compasión
Comunicación
Diversión
Determinación
Empatía
Éxito profesional
Generosidad
Honor
Igualdad
Integridad
Iniciativa
Influencia
Justicia
Lealtad
Libertad
Liderazgo
Mente abierta
Optimismo
Organización
Perdón
Paciencia
Puntualidad
Privacidad
Transparencia
Tener dinero
Relaciones familiares
Salud

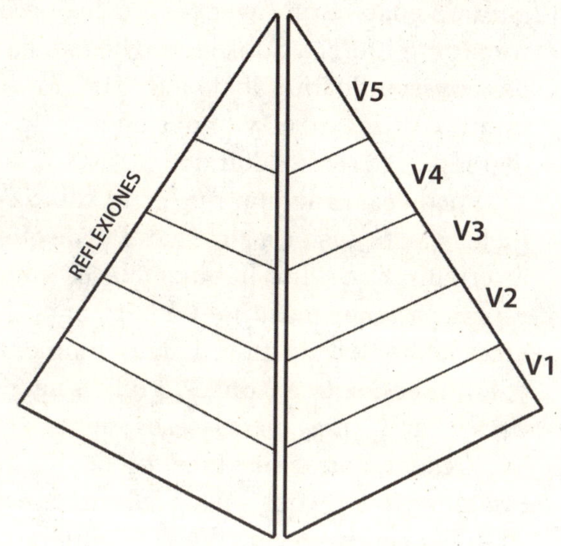

Fuente: Elaboración propia.

Poder detectar incoherencias entre tu manera de vivir y tus valores es el primer paso para poner remedio al origen de tu malestar.

7.2. La rueda de la vida en movimiento

¿Alguna vez te has escuchado diciendo frases del tipo «No me da la vida», «Me encantaría hacerlo todo, pero no tengo horas», «Me gustaría pasar más tiempo con mis padres, pero no encuentro el momento»?

Cuando permitimos que nuestra mente nos dirija en modo piloto automático, es común tener esta sensación de estar haciendo mucho, pero no hacer nada.

Vivimos en la rueda del hacer sin tiempo para parar y reflexionar. Vivimos por inercia, sin tener claro hacia dónde vamos. Si te sientes identificado, sentirás que, a pesar de no parar, no parece que avances mucho, pero ya no sabes cómo frenar esa inercia. Sobre todo, llegada la edad en la que ya has conseguido un trabajo más o menos estable y tienes una familia, miras atrás y te das cuenta de que, a pesar de lo logrado, algo sigue faltando.

Puedo casi adivinar que en tu cabeza existe una lista de metas que te gustaría alcanzar. Puede que incluso te atrevas a verbalizar aquellos hábitos nuevos que quieres adquirir y esperas a tener más tiempo para ponerlos en práctica. Te crees la mentira de que en algún momento todo se calmará y, entonces, sólo entonces, podrás hacer lo que necesitas para alcanzar esas metas y esos sueños.

Y es que parar produce miedo. Tu cabeza comienza a imaginar todo lo que puede salir mal: «¿Y si me equivoco? ¿Y si bajo el ritmo y no puedo recuperarlo? ¿Y si lo que veo una vez que pare no me gusta y me toca hacer algo al respecto?». Tu «lobo» entra en acción y te pone en alerta. No desea que salgas de aquello que ya conoces porque todo lo nuevo supone un peligro y un gasto energético para tu cerebro emocional.

Pero seguramente sabes que, en el fondo, ese momento de calma no va a llegar si no eres tú quien decide activar el freno. Y no va a llegar porque en realidad no es un problema de tiempo, es tu problema. Tú eres quien decide qué hacer y cómo priorizar ese tiempo. Todas las personas de la Tierra vivimos con veinticuatro horas al día. Cada uno decide si las vive corriendo y en modo piloto automático o si se permite parar de vez en cuando para estudiar y pensar en cómo conseguir dar prioridad a aquello que de verdad importa.

Bueno, he dicho que es tu problema y en realidad no es tanto tu problema como el de tu cerebro. Tu «lobo» se ha acostumbrado a vivir así y es feliz en su área de confort. La única oportunidad que tienes de frenar esa rueda es quitarle poder al «lobo» y entregárselo a tu mente humana. Y para eso necesitas, como siempre, pensar y comenzar a obtener una foto de tu realidad con objetividad.

Cuando corres, no reflexionas. Sabes o intuyes que las cosas deberían ser diferentes, pero es imposible hacer nada mientras estás en la carrera. Es importante que te responsabilices tú de cómo y con quién inviertes tu tiempo. Echar balones fuera y ponerte la venda en los ojos no te va a ayudar a salir de donde estás. Una vez que tomes esa responsabilidad, ya podrás dibujar tu escenario ideal y planificar el camino para lograrlo.

Tardarás más o menos en ir reorganizando tu vida y, seguramente, querrás volver de vez en cuando al modo piloto automático, pero ya el simple hecho de saber que estás haciendo algo diferente te hará ganar confianza, alegría, ilusión y paz interior.

El secreto para dar poder a tu «yo humano» y quitárselo al «lobo» es conseguir una visión objetiva de tu situación.

Obtener una imagen real de cómo estás y otra de cómo te gustaría estar.

La rueda de la vida es una herramienta perfecta para ayudarte a tener esa «foto». Quizá hayas oído hablar de ella, pues es una de las herramientas más conocidas en desarrollo personal. Y lo es porque es sencilla de trabajar y muy reveladora.

Del mismo modo que hicimos con el ejercicio de valores, recuerda que siempre puedes profundizar en estos ejercicios desde mis redes sociales o contactando conmigo desde mi web (al final del libro, te daré los detalles).

¿Cómo realizar el ejercicio?

Ilustración 6. Rueda de la vida

Salud: Energía, alimentación, deporte, sueño, estrés...

Familia: Relación con padres, hijos, hermanos, abuelos...

Amor: Orientado al amor en pareja

Trabajo: Profesión

Economía: Vivir más o menos ajustado económicamente

***Hobbies*:** Viajar, leer, pintar...

Espiritualidad: Religión (si la practicas), meditación, trabajar la paz interior, tu propósito de vida, voluntariado...

Vida social: Amigos, planes, calidad de las relaciones...

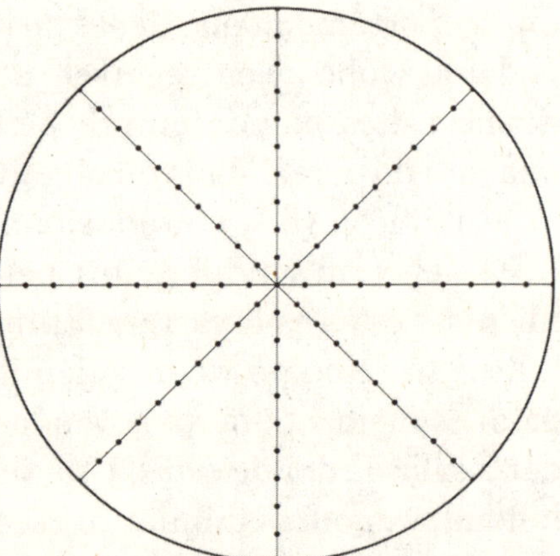

Fuente: Elaboración propia.

Esta rueda encarna las áreas de tu vida a las que puedes o debes dedicar tiempo para conseguir tener una vida equilibrada. Cada uno de los «quesitos» representa una de estas áreas:

- Salud: Energía, alimentación, deporte, sueño, estrés...
- Familia: Relación con tus padres, hijos, hermanos, abuelos...
- Amor: Orientado al amor en pareja
- Trabajo: Profesión
- Economía: Vivir más o menos apurado económicamente
- *Hobbies*: Viajar, leer, pintar...
- Espiritualidad: Religión (si la practicas), meditación, paz interior, tu propósito de vida, voluntariado...
- Vida social: Amigos, planes, calidad de las relaciones...

Éstas son las áreas que yo te propongo, pero puedes modificarlas si lo deseas por aquéllas que consideres que son importantes en tu equilibrio.

Paso 1. Puntúa cuán satisfecho estás con cada área de tu vida en estos momentos. Es importante que seas muy honesto. Para valorar tu satisfacción, te aconsejo que pienses cuánto tiempo dedicas a tareas que ayudan a mejorar esa área de tu vida cada mes, semana o día. Después, puedes valorar si estás satisfecho con el tiempo dedicado o no. Colorea el área del «quesito» según la puntuación que le des. Cada «punto» cuenta como 1 en la escala de valoración del 1 al 10.

Dedicar más tiempo no siempre significa estar satisfecho. Por ejemplo, igual no tienes pareja, pero eres muy feliz. En ese caso, tu puntuación puede ser alta aunque no tengas pareja.

Otro ejemplo puede darse en el área de salud. Estás bien porque no tienes ninguna enfermedad, pero eres consciente de que no te cuidas. No vas a tus revisiones médicas o fumas y te gustaría mejorarlo. Tendrías entonces una puntuación media-baja a pesar de no estar enfermo, porque no estás cuidando esa área de cara al futuro.

Y un tercer ejemplo: tienes buena relación con tu familia, pero apenas los ves. No tienes tiempo para llamarlos y cuidarlos. Éste sería otro caso de puntuación media-baja porque no les estás dedicando el tiempo que te gustaría y eso te provoca malestar.

Paso 2. Reflexiona: ¿rueda bien tu vida?, ¿está equilibrada?, ¿compensada?

Paso 3. Puntúa a continuación cómo te gustaría estar. Y ojo aquí con poner un diez a todo. Recuerda que es importante ser realista. El objetivo es que tu rueda gire, pero tener un diez en todo es casi imposible. Piensa en esas áreas que has puntuado muy bajas. ¿Dónde te gustaría que estuviesen para acercarse más a una rueda que gira? A veces es mejor tener en todo siete, que en unas áreas nueve y en otras uno. Recuerda que lo que buscamos aquí es que sientas que tu vida está equilibrada de alguna manera. Que no tienes olvidada ninguna de las áreas de tu vida. Con otro color te invito a rellenar el «quesito» con la puntuación deseada como hiciste en el primer paso.

Paso 4: Conclusiones. ¿Qué necesitas o qué te gustaría hacer o cambiar en tu vida para conseguir que tu rueda gire? ¿Detectas algún factor de estrés en tu rueda? Define acciones concretas. No es necesario que sean grandes objetivos. Puedes hacer una lista de cosas sencillas que te pueden ayudar y que te veas capaz de hacer.

Por ejemplo: llamar a mis padres todos los días, hacer voluntariado una vez al mes, dejar el azúcar, recoger a mi hijo del colegio los viernes, moverme para buscar un trabajo que me guste más o donde me paguen mejor... Apunta todas las que se te ocurran en modo lluvia de ideas. Cuando realices tu plan de acción, podrás seleccionar, poco a poco, aquéllas por las que desees comenzar.

No quiero terminar este capítulo sin volver a decirte que buscar el nueve o el diez no es la solución, sino que muchas veces es la perdición. Hace tiempo acompañé a Rafa en un proceso de *mentoring*. Rafa era el prototipo de «hombre diez». Guapo, enamorado de su mujer, padre de dos hijos, directivo en una multinacional, deportista, divertido..., pero me decía que se sentía siempre en estado de alerta. Tenía la sensación de que todo lo que se proponía lo lograba, pero eso no le daba paz. Siempre tenía la impresión de que necesitaba más y más. Su rueda era una bomba de relojería. Hacía tantas cosas, buscando el diez en todo, que al final no llegaba a disfrutar de nada. Recuerdo que uno de los ejercicios que planeamos juntos era entrenar a su «lobo» para aceptar que un ocho también estaba bien. Nos reíamos mucho con eso, pues al principio le costaba horrores aceptar el ocho. Lo veía como un fracaso. Finalmente, después de varias semanas de trabajo, consiguió bajar esa exigencia y hoy es capaz de parar y disfrutar.

Si te identificas con esta situación, grábate esto a fuego:

El perfeccionismo y la sobrexigencia son máquinas de anular el disfrute y la serenidad en la vida.

7.3. Motivaciones vitales: el poder de los sueños auténticos

Marc-André Leclerc era un alpinista canadiense que con trece años había ganado el campeonato nacional de escalada. Se hizo famoso porque escalaba en solitario y muchas de sus ascensiones las realizaba sin ningún tipo de sujeción, cuerda o arnés.

En 2016 conquistó la Torre Egger, en la cordillera de los Andes, en quince horas. Fue la primera ascensión invernal en solitario. Escaló solo numerosas montañas a lo largo de su vida y se ganó fama mundial por ello. Grandes logros que él mismo no vivía como algo especial. Después de haber escalado la Torre Egger, cuando lo entrevistaron, declaró que el sentimiento de haber realizado algo especial no lo asimiló hasta pasado un tiempo, pues la experiencia había sido tan grande para su persona que ese sentimiento de disfrute había borrado el sentimiento de éxito.

En 2018, Marc-André desapareció durante el ascenso de una montaña en Alaska. Tenía veinticinco años.

¿Qué motiva a personas como él a arriesgar su vida de esa manera? Tal vez al leer esta historia estés pensando que ni loco harías algo así o quizá sí puedas comprender que alguien sobreponga a su seguridad otro tipo de emociones o sensaciones.

Los seres humanos nos movemos también a través de la motivación. Cada uno de nosotros tenemos motivaciones internas que nos ayudan a entrar en acción a la hora de conseguir nuestros objetivos. A lo largo de la historia se han creado muchas teorías sobre esas motivaciones, ya que no todos los seres humanos nos movemos por las mismas razones. Volviendo al caso de Marc-André, yo, personalmente, pongo mi seguridad por encima de la experiencia de vivir algo así, pero él no lo hizo.

Esos patrones que nos ponen en acción se han estudiado para entender mejor el comportamiento del ser humano. Las empresas los utilizan para sacar mejor rendimiento de sus empleados, en marketing se estudian para mover al cliente a la compra. A nivel personal, que tú seas consciente de tus motivadores internos te va a ayudar a detectar posibles factores de estrés y frustraciones y a aprender a marcarte objetivos en la vida que tengan coherencia contigo. Gracias a ello tendrás más posibilidades de lograrlos y disfrutarás por el camino de igual manera que Marc-André.

De las diferentes teorías de la motivación, hay tres en las que he basado mi modelo de **motivaciones vitales ITS**.

1. **La teoría de la pirámide de Maslow**. La más conocida. Maslow describía cinco niveles de necesidades de los seres humanos: fisiología, seguridad, afiliación, reconocimiento y autorrealización. Según su teoría, los seres humanos tienen tendencia a cubrir aquéllas que están en la parte baja de la pirámide antes de buscar satisfacer las de los niveles superiores. Según esta teoría, una persona va a priorizar satisfacer necesidades básicas como comer o sentirse segura, antes que la necesidad de reconocimiento o la autorrealización, por ejemplo. Esta teoría ha sido cuestionada y podemos ver en el ejemplo de Marc-André como no siempre es así. En su caso, él priorizaba la necesidad de autorrealización por encima de su seguridad.
2. **Teoría de las expectativas**. Elaborada por Vroom (1964), y mejorada por Porter y Lawler (1968). Esta teoría explica nuestra toma de decisiones basándonos en unas expectativas y las creencias que tenemos cada uno. Si no creo que pueda lograr algo, es difícil que luche por ello. Tomar decisiones según las expectativas tiene como objetivo maximizar la recompensa y minimizar el dolor. Con esto, se explica nuestra motivación cuando esperamos una alta recompensa y además tenemos confianza en que podemos llegar a ese objetivo. Hay personas que toman sus decisiones o se motivan más empujadas por la recompensa y otras que se mueven más por evitar el dolor. Es importante ubicarse y conocerse en este campo. ¿Qué tipo de personas eres? ¿Luchas por la recompensa o

eres más conservador y tu prioridad es evitar el dolor? Si lo pensamos, vivir evitando el dolor tiene relación más directa con el «lobo» (supervivencia), mientras que enfocarse en la recompensa y buscar los factores que nos den confianza para alcanzarlos tiene más relación con nuestra condición humana y nuestro propósito de vida.

3. **Teoría ERC de Alderfer**. Está basada en la pirámide de Maslow y clasifica las motivaciones o necesidades en tres grupos: de existencia, de relaciones y de crecimiento. Es una simplificación del modelo de Maslow con una base más científica. Las **necesidades de existencia** corresponderían a las básicas de la pirámide de Maslow. Son aquéllas que necesitamos tener cubiertas para garantizar nuestra supervivencia. Las **necesidades de relación** corresponden a las de afiliación. Como seres sociales que somos, necesitamos amigos, amor, conexión, intimidad. Y, por último, las **necesidades de crecimiento** están relacionadas con la parte más alta de la pirámide.

La diferencia con la teoría de Maslow es también la flexibilidad. Maslow indicaba que mientras no se cubrieran las necesidades de la parte más baja de la pirámide, no se manifestaban las de nivel superior; Alderfer sostiene la posibilidad de que los seres humanos deseen satisfacer varias de distinto nivel al mismo tiempo. Además, incluye el aspecto del individuo. Cada uno tiene su forma de priorizar, por lo que no todos nos motivamos de la misma manera ni siguiendo el mismo orden de prioridades.

Desde mi punto de vista, la combinación de las tres teorías puede explicar muy bien qué elementos influyen a la hora de motivarnos a hacer algo y, por supuesto, en ayudarnos a sentir que nuestra vida tiene un sentido.

Si vivimos únicamente para satisfacer las necesidades básicas o de existencia, evitando el dolor, tendremos una vida menos plena. Viviremos con esa sensación de pura supervivencia que no nos llena y de poco disfrute.

En el otro extremo, una vida enfocada únicamente en las necesidades de crecimiento puede costarnos la vida, como el caso de Marc-André, o la soledad (personas que viven para y por el éxito profesional, por ejemplo, y se olvidan de cuidar sus relaciones).

Mi modelo de motivaciones vitales ITS tiene como objetivos:

1. Que puedas identificar tu modelo individual (según tu personalidad).
2. Que puedas compararlo con cómo estás viviendo tu vida para detectar factores de estrés.
3. Que puedas tomar medidas para conseguir equilibrio y eliminar esos factores de estrés.
4. Que puedas alinear tus decisiones y objetivos con este modelo de manera consciente y, así, conseguir motivarte de manera más natural.
5. Que puedas entender por qué te cuesta más actuar en determinadas situaciones o por qué tienes menos motivación en algunos objetivos que te planteas a nivel personal y también profesional.

Por ejemplo, quizá seas consciente de que una de tus motivaciones con más peso es contribuir (ayudar a otros) y tienes un trabajo que no te permite conectar con personas. Puede ser uno de los motivos por el que no te sientes realizado en tu trabajo y podrías plantearte acciones para cambiar a un departamento en el que sí sientas que contribuyes o incluso cambiar de trabajo.

Vamos a trabajar este modelo desde una dinámica parecida a la rueda de la vida. He seleccionado las motivaciones que representan cada uno de los niveles de necesidades de Alderfer, en función de una encuesta realizada a más de mil personas a las que he acompañado estos años. Entre ellas se encuentran necesidades básicas y necesidades inspiradoras. Con este ejercicio vas a llevarte más información para tu esquema de personalidad. Además, incluiremos en tu perfil la información basada en la teoría de las expectativas para que tomes conciencia de cómo te enfrentas hoy a los retos de la vida.

Cómo elaborar tu modelo de motivaciones vitales ITL

Utiliza la siguiente secuencia para poder definir tu modelo personalizado:

1. En la rueda de las motivaciones, puntúa en función de lo que sientas que te moviliza más. Cada nivel representa un 25%. No es una puntuación para valorar la satisfacción. No quiero que pienses si una es mejor que otra. Todas son maravillosas. Simplemente, quiero que sientas e identifiques aquéllas que sabes que te movilizan más.
2. Las necesidades que están en color rojo son las que están más orientadas a la supervivencia. Las azules son las de relaciones sociales, y las verdes, las inspiradoras o de desarrollo.
3. Reflexiona si eres una persona que se moviliza más por la recompensa o por evitar el dolor y anótalo en tu perfil.

Ilustración 7. Modelo de motivaciones vitales ITL

Cada marca representa un 25 % de puntuación.
Rellena el espacio según tu criterio (25 %-50 %-75 %-100 %)

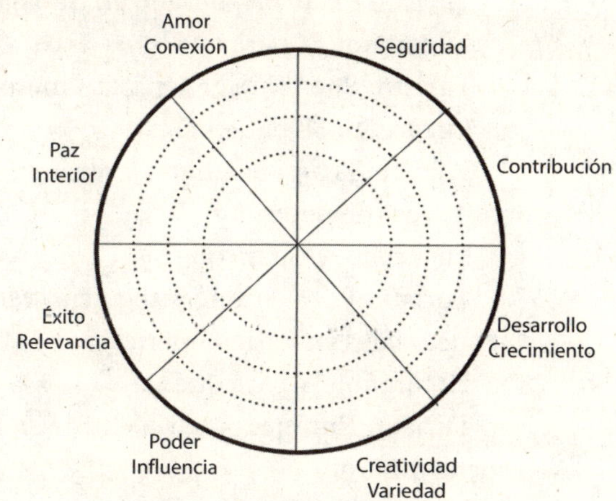

Fuente: Elaboración propia.

Una vez realizado el ejercicio, escribe tus reflexiones. Más adelante incluiremos esta información en tu esquema de personalidad.

Una tarde soleada, en un pueblo pesquero de México, se encontraba un lugareño descansando en la plaza cuando se le acercó un turista estadounidense.

Turista: Buenos días, señor.

Lugareño: Buenos días.

Turista: Oiga, ¿y cómo es que no está usted trabajando a estas horas?

Lugareño: Es que yo trabajo sólo por las mañanas.

Turista: Ah, ¿sí? ¿Y qué hace el resto del día?

Lugareño: Mire, yo me levanto temprano, salgo a pescar unas horas, regreso para el almuerzo, duermo la siesta con mi mujer, luego paso un rato con mis hijos y, al final de la tarde, me tomo una cerveza con los amigos.

Turista: ¿Y no ha pensado en trabajar más?

Lugareño: ¿Y para qué?

Turista: Pues para ganar más dinero.

Lugareño: ¿Y para qué?

Turista: Así puede hacer crecer su negocio y comprarse más barcos de pesca.

Lugareño: ¿Y para qué?

Turista: Pues entonces seguiría creciendo y podría montar sucursales en Latinoamérica y en Estados Unidos.

Lugareño: ¿Y para qué?

Turista: Entonces podría entrar en Bolsa y ganar mucho, mucho dinero.

Lugareño: ¿Y para qué?

Turista: Para así después retirarse pronto, venir a vivir a este pueblo, levantarse tranquilo, trabajar poco, dormir la siesta con su mujer, pasar un rato con sus hijos y acabar con una cerveza con sus amigos.

No entres en la rueda de hámster porque sí. Ser capaz de reflexionar sobre el para qué haces lo que haces y comprobar si vives alineado con tus valores, tus motivadores de vida, y tomar consciencia de que estás en el camino correcto te ayudará a sentirte en paz y a vivir con motivación con independencia de los resultados.

8

Reality: cómo tu mente construye y moldea tu realidad

¿Cuál es tu realidad?

Hace tiempo, dos amigos franceses se encontraron después de sus vacaciones para tomar algo. Los dos habían estado en España y querían compartir sus impresiones.

Uno de ellos comenzó contando lo que le había sorprendido España. Había llovido la mitad del verano cuando él pensaba que en este país siempre lucía el sol. También le contó a su amigo lo que había disfrutado de las montañas, del color verde de los campos y que agradecía el fresquito por la noche y dormir con manta. Su amigo lo miraba perplejo: «¿Cómo es posible? ¡Tú no has estado en España! Pero si hace un calor terrible. Por la noche estábamos a más de treinta grados y hemos disfrutado del sol tal y como esperábamos. Eso sí, una pena lo seco que está el campo, tan amarillo y desolado. Menos mal que las playas nos han alegrado las vacaciones».

¿Qué piensas que ha podido ocurrir? Lógicamente, uno de los amigos ha veraneado en el norte del país y el otro en el sur. ¿Quién tiene razón? La impresión de cada uno de España es resultado de su experiencia y de haber disfrutado únicamente de un pedazo del territorio. Si los dos hubiesen viajado y recorrido España, seguramente tendrían una imagen similar, pero cada uno se ha quedado con su experiencia.

Esto es lo que te ocurre a ti y al resto de los seres humanos a la hora de crear nuestra realidad respecto a la vida. Ya hemos hablado de cómo nuestro cerebro no tiene la capacidad de recibir todos los estímulos que llegan del exterior, los necesita filtrar. Nuestro cerebro realiza un filtrado a la hora de percibir de manera consciente lo que vemos, escuchamos y sentimos.

Además, este filtro no se hace de manera aleatoria. Tu querido cerebro elige muchas veces, de manera más o menos consciente, qué información deja pasar y cuál no. Todos los seres humanos intentamos verificar aquello que creemos de la vida, de nosotros o de otras personas, buscando información del exterior que nos dé la razón, e interpretamos la realidad en función de nuestras experiencias.

Pongamos un ejemplo.

Ana lleva tiempo en crisis con su pareja porque piensa que no ayuda en las labores del hogar y que es ella la que hace prácticamente todo. Su «lobo» está desesperado y vive a la defensiva. El resultado es que cuando Luis, su pareja, hace algo en casa, Ana no lo ve o encuentra siempre una manera de subestimar lo que Luis ha hecho (no lo ha terminado, no lo hace bien, no pone interés...). Lo que Ana se dice cada día es que Luis pasa de todo, que no ayuda, que es un egoísta y que ella tiene que estar siempre al pie del cañón.

Cuando hablo con Luis, me cuenta su versión: al principio, cuando vivían juntos, él se esforzaba por colaborar en casa, pero Ana siempre le criticaba. Le decía que no hacía las cosas bien y acababa regañándole. Con el tiempo, la vía de escape de Luis fue hacer cada vez menos cosas. «Total —me contaba—, si al final la bronca me la llevo igual».

Entonces, tuve una sesión con ambos juntos para que pudiesen hablar fuera de la crítica destructiva. Cada uno expresó su malestar y fueron conscientes de varias cosas:

- Primero, que ninguno estaba viendo el panorama completo, la visión del otro. Sólo se habían encerrado en su experiencia, en «su parte visitada de España». Al escuchar al otro pudieron comprenderse. No era cuestión de tener o no razón, sino de darse cuenta de que existían caminos que unían sus territorios y que podían llegar a un acuerdo.
- Ana fue consciente de que aceptar que Luis no hacía las cosas igual que ella era un primer paso necesario y de que parte de la falta de ganas de colaborar de él la había causado ella con sus críticas y su exigencia. Además, se dio cuenta de que estaba tan convencida de que el problema de Luis era la falta de interés que ya era incapaz de elogiarlo cuando hacía algo como a ella le gustaba. Simplemente, su cerebro ignoraba esos gestos de Luis, porque tenía que darle a Ana la razón de su enfado.
- Luis se dio cuenta de que para Ana era importante que él pudiese hablarle de cómo se sentía cuando ella lo corregía y entender que no lo hacía por criticarle, sino para que comprendiese también cómo le gustaban las cosas a ella. Entendió que su filtro era interpretar todo lo que Ana le pedía o le decía como crítica personal. Había dejado de escucharla aun cuando ella le hablaba con paciencia y cariño. Todo para su «lobo» era un ataque personal.

A partir de ese momento pudieron llegar a un acuerdo: Ana trabajaría en la aceptación de que Luis hacía las cosas de forma diferente a ella, y Luis, en aceptar las correcciones de Ana como una manera de mejorar y no verlo como una crítica.

¿Cuántas veces nos vemos inmersos en estas situaciones? Ocurre en las relaciones como vemos en este ejemplo.

Te haces una idea sobre alguien y sólo vemos el rasgo malo (o bueno) de esa persona. Ocurre con tu opinión sobre ti mismo (te haces la idea que eres tímido y no eres capaz de ver que en algunas ocasiones también eres divertido). Y ocurre con toda la información que recibimos del exterior. Por eso, cuando quieres comprarte un coche, parece que todo el mundo conduce esa marca o, cuando estás embarazada, sólo ves mujeres embarazas por la calle. No es que en un segundo se hayan multiplicado los coches ni las embarazadas, es que tu cerebro ha decidido mostrártelo, porque en este momento lo considera importante.

Esta tendencia a seleccionar lo que tu cerebro desea mostrarte se llama **atención selectiva**. Gracias a ella, conseguimos ahorrar energía, por un lado, y también, por otro, centrar la atención cuando existe un peligro para salvarnos. Pero, como todo, tiene sus consecuencias en nuestra manera de vivir y en nuestra felicidad.

Si tu cerebro filtra la realidad, podemos decir que tu realidad nunca es cien por cien objetiva, pues te falta información. Si, como vimos en el circuito emocional, lo que haces depende de cómo te sientes y, a su vez, tu emoción depende de lo que piensas, es decir, de tu realidad, podemos concluir que esa realidad tuya tiene influencia directa en tus resultados en la vida, en tu comportamiento y en tu percepción de felicidad.

A mí me gusta la metáfora de que cada uno viajamos con unas gafas a lo largo de la vida. Gafas de diferentes colores que podemos ponernos y quitarnos. Las gafas rojas del miedo, las verdes del optimismo, las amarillas de la alegría, las grises del victimismo o las azules de la objetividad, por ejemplo.

Y ahora te pregunto: ¿cuál es tu realidad? Cuando te enfrentas a la vida, a los retos, a tus objetivos..., ¿con qué gafas lo estás haciendo? Si esas gafas te producen estrés emocional, puedes cambiarlas por otras. Gracias a la neuroplasticidad del cerebro, puedes elegir con qué gafas quieres enfrentarte a los retos de la vida.

Cuando estás en modo estrés, es imposible que construyas cosas nuevas y buenas, es mucho más difícil que desarrolles tu creatividad y que encuentres soluciones positivas a los problemas y retos de la vida. Si estás en modo estrés, el primer paso para transformarte es que puedas definir el color de tus gafas y entender por qué estás utilizando ésas y no otras. A partir de ahí, podrás entrenar el cerebro para sustituirlas.

Recuerda que siempre, antes de poder cambiar algo, primero necesitas detectar donde está el origen de lo que te ocurre para desarrollar tu plan de acción después.

En este capítulo, vamos a ver tres herramientas que te van a ayudar a identificar tus gafas y a entender por qué tienes tendencia a utilizar ésas y no otras:

- Detector de creencias limitantes
- Tu diálogo interno
- El eneagrama

8.1. La realidad más allá de tus ojos: creencias limitantes

De pequeña fui a la India y me sorprendió que los elefantes estuviesen atados a una pequeña estaca y no se escapasen. Entonces, le pregunté a mi padre: «Papá, ¿cómo es que los elefantes no se escapan? Esa estaca es muy pequeña y no les costaría esfuerzo romperla con lo grandes que son». Mi padre me contestó algo que me marcó para siempre: «No se escapan porque creen que no pueden. Cuando eran pequeños, los ataban a la misma estaca y, al principio, sí intentaban irse, pero, como no eran fuertes, no podían romperla. Después de muchos intentos, simplemente, un día decidieron que no podían soltarse y nunca más lo volvieron a intentar. Esa creencia se quedó en su mente y ha condicionado su comportamiento hasta el día de hoy».

Esta historia en realidad no me ocurrió a mí, la escuché hace tiempo, pero explica claramente lo que es una creencia, cómo se instaura en nosotros y las consecuencias que tienen éstas en nuestra vida.

Antes te hablaba de las gafas con las que cada uno ve la realidad y cómo la atención selectiva influye en ello. Las creencias son también una variable muy importante a la hora de definir el color de las gafas que llevas puestas.

Una creencia es una percepción sobre algo que tu cerebro toma como verdad absoluta, pero no lo es. Es una interpretación de la realidad que condiciona tu manera de pensar, de sentir y de actuar.

Las creencias se van definiendo en nuestra mente en función de nuestra experiencia de vida: que generes unas u otras depende de una combinación de tu genética + tu educación + la relación con los padres o las personas que te cuidaron + la relación con tus amigos y las figuras influyentes en tu vida + la información que recibes de los medios de comunicación + las experiencias personales.

Las creencias básicas se aprenden hasta los ocho años, por lo que no somos conscientes del paquete de creencias que cargamos como adultos; en parte, porque nos creemos que son la verdad y no las cuestionamos.

Por ejemplo, existen países como Japón donde está mal visto mostrar afecto en público y las parejas mantienen la distancia física. Besarse en público les produciría estrés emocional. Sin embargo, esto no ocurre en España.

Recuerdo a una mujer, con la que trabajé durante un tiempo, que estaba convencida de que nunca tendría una relación sana con un hombre. Llevaba años sin salir con nadie. Al indagar un poco en esa creencia, me contó que sus dos primeras relaciones de jovencita habían tenido un final doloroso con infidelidad. A partir de ese momento, su «lobo» se puso a la defensiva y, cuando conocía a alguien, era fría y no llegaba a dejarse querer por miedo a que le hiciesen daño de nuevo. Lo curioso es que ella no era consciente de ello. No era consciente de cómo era ella la que se cerraba a la experiencia de disfrutar de una relación y empujaba a los hombres lejos de su vida con su actitud de desconfianza.

Tipos de creencias

Todos vivimos empujados por esas creencias, ya que pocas veces afrontamos la realidad con objetividad absoluta. En principio, una creencia en sí no es mala, pero se convierte en algo peligroso cuando te está limitando, cuando te impide vivir en paz, cuando te impide actuar como te gustaría o tener relaciones sanas con los demás.

Es entonces cuando definimos esa creencia como «**creencia limitante**». Las creencias limitantes son obstáculos que te impiden vivir en el aquí y el ahora. Hacen que te comportes y sientas en función de tus fantasías o recuerdos anclados que provocan esa distorsión de la realidad.

Vivir sin consciencia de que existen estas creencias tiene consecuencias importantes en tu vida:

- Te limitan a la hora de elegir tu respuesta ante un estímulo, ya que bloquean tu capacidad real de observar diferentes puntos de vista y te condenan a actuar siempre con la misma respuesta.

- Te impiden ser como eres, algo que te afecta emocionalmente y que será otra causa de tu estrés emocional.

Por otro lado, existen también «**creencias potenciadoras**», que son las que te van a permitir triunfar y ser feliz. Ser capaz de identificar tus creencias limitantes y aprender a transformarlas en creencias potenciadoras es un superpoder que necesitas añadir a tu lista de herramientas.

¿Cómo identificamos creencias?

En realidad, cualquier afirmación que hagas sobre ti, sobre otra persona o sobre cualquier situación, y que pueda variar según sea la persona que la realiza, será una creencia.

Por ejemplo, si yo te enseño un lápiz rojo y pregunto a cien personas de qué color es el lápiz, todas me dirán que es rojo (a no ser que tengamos algún daltónico en el grupo). Sin embargo, si afirmamos que la mejor manera de educar a un hijo es con autoridad y mano dura, seguramente tendremos diversidad de opiniones al respecto.

Hagamos un ejercicio: piensa en la palabra *mamá* mientras cierras los ojos. Presta atención a lo que experimenta tu cuerpo, qué emociones vienen a ti, qué imágenes, qué pensamientos... Todo lo que te ocurre mientras piensas en esa palabra son manifestaciones asociadas a la creencia de lo que para ti significa tu madre. Cada persona que realice este ejercicio va a experimentar algo diferente.

Es importante entender que las creencias dan significado y coherencia a nuestros mundos interno y externo. Gracias a las creencias, nuestra mente consigue simplificar la información que llega de fuera para ahorrar energía y reforzar nuestro comportamiento. Si yo creo que puedo conseguir un puesto directivo en mi empresa, lucharé por ello.

Sin embargo, si no lo creo, lo más seguro es que no haga todo lo posible por conseguirlo.

Existen diferentes herramientas que yo utilizo en las formaciones y procesos para ayudar a identificar creencias. Voy a compartir alguna contigo para que te puedas iniciar en ello y descubrir alguna con las que estás cargando.

El modelo ITCL de transformación de creencias nos invita a identificarlas desde varios puntos de observación:

- **A través del lenguaje y la escritura.** Cuando hablas o escribes acerca de lo que piensas de una situación que vives, escribes sobre ti o sobre otra persona, vas a identificar frases que manifiestan creencias. Palabras como *debo*, *tengo que*, *siempre*, *nunca*, *todos*, *nadie*, *no puedo*, *no tengo*... suelen ir asociadas a una afirmación que implica una creencia.

  Un ejemplo que me encuentro mucho, sobre todo en mujeres, es la afirmación «Tengo que hacerlo bien». Es una creencia muy relacionada con la idea del fracaso. Si no lo hago bien, he fracasado. Cuando alguien convive con esta creencia, sufre un estrés emocional importante y lo peor es que el miedo a no hacerlo bien puede paralizar a esa persona e impedir que lo intente o que lo vuelva a intentar si la primera vez no salió bien.

  Si reflexionamos sobre esto, ¿quién ha aprendido a la primera? Cuando eras pequeño tuviste que empezar a caminar, te levantabas y te caías, pero nada te impidió en su momento seguir adelante. En tu mente nadie te decía que si te caías te ibas a hacer daño, que te iban a mirar mal, a reírse de ti, que eras un fracaso. Simplemente, a base de repetir acabaste caminando. A medida que vamos creciendo, el cerebro racional comienza a aprender y a grabar creencias que te limitan.

Te animo a que comiences a revisar tu diario emocional o a escribir y tomar consciencia de afirmaciones que puedas detectar como creencias gracias a estas palabras que te van a dar alguna pista. Escribe una o dos de ellas que puedas identificar de forma clara para que puedas incluirlas en tu esquema de personalidad.

- **Desde lo emocional**. Observando la reacción emocional de tu cuerpo frente a algo o a alguien. ¿Qué sientes al pensar en ti? ¿Al pensar en cometer un error? ¿Al pensar en tu hijo o hija? ¿Al pensar en irte de tu trabajo? Si las emociones son paralizantes, es decir, si no te impulsan para bien, seguramente hay una creencia asociada detrás que provoca de manera automática esa emoción.

  Identificar las creencias desde la emoción será más sencillo si eres una persona con agilidad a la hora de percibir emociones. Una vez que te das cuenta de que sientes una emoción limitante, puedes sacar los pensamientos que hay previos a esa emoción. De esta manera, podrás identificar esas afirmaciones o palabras que te indiquen por dónde se pronuncia tu creencia limitante.

  Si no eres una persona muy emocional, este ejercicio te resultará más complicado. No pasa nada. Puedes trabajar con el lenguaje verbal o con el corporal como vamos a ver ahora.
- **Desde lo corporal**. El cuerpo también reacciona cuando una creencia está muy arraigada en ti. Y con arraigada me refiero a que la vives tan real que quizá ni te planteas que pueda ser una creencia limitante.

  Cuando realizo los procesos de identificación de creencias en formaciones, una de las preguntas que hago es ésta: «¿De dónde viene esta creencia?». Me hace gracia que muchas personas me contesten: «Es que es la verdad».

Cuando tu mente tiene una creencia muy arraigada, fijarnos en cómo nos habla el cuerpo nos puede ayudar a destapar la caja de Pandora.

En los procesos conmigo muchas veces soy yo la persona que identifica las reacciones corporales de mis alumnos y se las hago ver para abrir esa caja. Es algo más complicado hacerlo uno mismo, pero es posible. En este caso, lo que necesitas es comenzar a prestar atención a tu cuerpo: sudoración, sonrojo, tensión en alguna parte del cuerpo, una sonrisa, mover una mano o una pierna... son reacciones de tu cuerpo al tema que está sobre la mesa.

Si notas que cada vez que ves a tu compañero de trabajo te pones en tensión, seguramente algo pasa. Si notas tensión, puedes preguntarte lo siguiente: ¿qué hace que me ponga tenso?, ¿qué significa esa tensión?, ¿qué parte de esa persona me provoca la tensión?

A través de este tipo de preguntas podemos volver al lenguaje verbal y la escritura para realizar la identificación de la creencia. En este ejemplo podría ser así: «Me hace sentir inseguro y poco importante» o «Mi compañero piensa que no valgo nada».

- **Desde la conducta**. Ya vimos en el circuito emocional que la conducta es el resultado de la emoción que siento y, a su vez, ésta es el resultado de los pensamientos (y creencias). Lo que crees se manifiesta en tu conducta cada día. Si tu conducta te aleja de lo que deseas es importante detectar por qué. Si quieres dejar de fumar y no lo haces, puede que en el fondo no creas que puedas conseguirlo, por ejemplo. Si decides que tienes que dejar de gritar a tu hijo y no lo haces, puede ser que detrás tengas la creencia de que es un vago o que le va a ir fatal en la vida porque no estudia.

Tu conducta es un indicador de que algo pasa. Tenlo en cuenta también para reflexionar y profundizar en ti con el fin de identificar esas creencias que existen detrás.

La transformación de creencias es algo que necesita tiempo y práctica. Mi recomendación es que, a medida que identifiques creencias limitantes, las escribas en una lista y poco a poco vayas trabajando en su transformación una por una. Es un proceso más largo, pero será más efectivo, ya que tu cerebro se va a centrar en ejercitarse con atención. Más adelante, cuando vayas teniendo práctica, serás capaz de transformar tus creencias de forma más natural y automática.

Algunos ejemplos de creencias limitantes

No valgo para esto.
No puedo equivocarme.
El fracaso es terrible.
El amor eterno no existe.
Soy mal/a padre/madre.
No puedo cambiar.
Mi jefe no me valora.
Soy un desastre.
Las cosas fuera están fatal.
Nadie me escucha.
Sé que va a salir mal.
Es difícil vivir de lo que te gusta.
Mi pareja siempre tiene mejores cosas que hacer que estar conmigo.
Nunca hay que mostrar emociones.
Llorar es de débiles.
Enfadarse es la única manera de que te hagan caso.

Dedica un tiempo a prestar atención e identificar las que creas te están haciendo más daño hoy por hoy. Una vez tengas detectada alguna creencia, puedes comenzar a practicar este ejercicio para ayudarte a modificarlas. Existen muchas técnicas de cambio de creencias y, como siempre, puedes comenzar a practicar con ésta y seguir investigando si quieres profundizar.

Ejercicio de cambio de creencias: modelo evolutivo

Creencia	**Llevo al pasado**	**Nueva acción**
Enuncio lo que pienso y deseo cambiar.	Hablo de ello como si ya no lo creyese.	Me comprometo con un comportamiento diferente.
Juan no me llama lo suficiente, no tiene interés por mí.	Antes pensaba que si Juan no llama es por no tener interés por mí.	Por eso ya no me enfado y le llamo yo cuando quiero.

Escribe este ejercicio y luego repítelo cada vez que te encuentres con el pensamiento que refuerza la creencia que quieres modificar. Es importante que luego pongas en práctica esa nueva acción. Al principio te va a resultar complicado, poco creíble y te costará hacerlo. Pero recuerda que, si perseveras, tu nueva ruta neuronal se irá creando poco a poco.

Para ir terminando con las creencias limitantes recuerda:

Todo lo que crees no tiene por qué ser la verdad absoluta.

8.2. El arte de la percepción consciente: tu diálogo interno

El estado de tu vida es un reflejo del estado de tu mente. Todos tenemos una voz que nos habla constantemente o, mejor dicho, dos voces: la de tu «lobo» y la tuya propia. Me gusta visualizarlo como aquellos dibujos animados en los que aparecía un angelito y un demonio en cada hombro del personaje y cada uno animaba a interpretar y actuar de manera diferente al protagonista.

Lo importante es tomar consciencia de que esa voz no es más que eso, una voz que puede contarte la historia que quieras. Son sólo palabras en tu cabeza y, como tales, no tienen más poder que el que tú quieras proporcionarles. El problema llega cuando esa voz nos genera estrés, falta de confianza o enfado. Además, no sólo la escuchamos, sino que le damos más y más poder, permitiendo que nos cuente como un disco rayado la historia que te hace débil una y otra vez en bucle.

Imagina que estás con dos amigas a las que les estás contando un problema. Una de ellas te ayuda a tener una visión objetiva de lo que ocurre, te calma ayudándote a tomar perspectiva y a buscar soluciones. Y todo lo hace desde al cariño, porque te quiere y lo notas en su manera de hablarte y de tratarte. Sin embargo, la otra te presiona, todo lo que le cuentas le parece terrible y te dice que lo vas a tener difícil para superar la situación, que no cree que puedas con ello y que las cosas no se solucionan tan fácilmente. ¿A quién escucharías? ¿Qué amiga prefieres a tu lado si tuvieses que acudir a ellas día tras día?

Esto mismo es lo que ocurre con tu voz interior. El «lobo» te pone en alerta, no razona, saca conclusiones rápidamente y justifica a través de su mochila de creencias limitantes las razones por las que todo saldrá mal. Si escuchas al «lobo» y no dejas espacio para escuchar la voz de tu yo objetivo y racional, estás perdido. Vivirás en modo alerta sin darte cuenta de las consecuencias que tiene en tu vida vivir así.

Quiero que lo pienses seriamente. Si tu voz interior es negativa, tus emociones también lo serán y, por lo tanto, lo que hagas en la vida seguramente te aleje de ser esa persona que vive con serenidad y confianza y que consigue sus objetivos y propósitos.

Por eso lo que te cuentas cuenta, y mucho. Lo que te cuentas es una parte importante del estado de tu vida hoy.

Cuando digo que el estado de tu vida es un reflejo del estado de tu mente, no es una frase bonita para Instagram, sino una realidad científica resultado del funcionamiento de tu circuito emocional, entre otras cosas.

Si de verdad quieres que las cosas te vayan mejor y sentirte en paz con el mundo, te invito a que tomes una decisión en este mismo momento:

¿A qué voz vas a dar poder a partir de hoy?

No te voy a prometer que con sólo tomar esa decisión todo está ya solucionado. Lógicamente, este proceso lleva un tiempo, pero, como en todo proceso, el primer paso es decidir que quieres cambiar algo.

Quizá ya te estés preguntando cómo puedes conseguirlo, ¿verdad? Voy a compartir contigo un proceso para lograr entrenar el pensamiento objetivo y alguna técnica que puedas aplicar ya.

Antes, unas reflexiones importantes que puedes tener en cuenta:

- Tus pensamientos no tienen poder si no se lo das.
- Todo lo que piensas y lo que te cuentas puede tener

diferentes perspectivas y formas de ser interpretado. Recuerda que muy pocas veces la realidad que ves es una verdad absoluta.

- Entrenar tu voz interior no significa ser siempre racional y cerebral y no escuchar al «lobo». Consiste en decidir en cada momento a quién escuchas, el motivo por el que lo haces y estar en paz con esa decisión. Al final, buscamos el equilibrio entre emoción y razón.

El proceso

1. **Identifica tu voz.** Si escribes el diario durante una semana y más tarde lo relees, te vas a dar cuenta de que tu diálogo es prácticamente el mismo a todas horas. El 95% de nuestros pensamientos son los mismos cada día. Somos como una grabadora en bucle que se repite y nos contamos lo mismo una y otra vez.

   Es importante que cuando estés sintiendo una emoción que no te gusta, pares y tomes conciencia de qué pensamientos te están haciendo sentirte así. Si puedes en ese momento, escríbelos, aunque sea en tu teléfono. De esta manera, los haces más conscientes. Muchas veces, escribir lo que te está pasando por la cabeza ya te provoca una reacción de desapego. Lo veo cada día.

   Recuerdo una sesión con una mujer que vive en Bonaire que me contaba que no sabía crear relaciones en el trabajo. Que una compañera suya se metía en un proyecto que lideraba ella y se enfadaba. Cuando le pregunté si había hablado con ella, me dijo que no. Que no se atrevía porque iba a criticarla por toda la oficina y todos iban a pensar que era mala compañera.

Fíjate en todo el contenido emocional del diálogo de esta chica. Ella misma se contaba que no sabía crear relaciones —entre nosotros, es un encanto de mujer, muy agradable—, se adelantaba a lo que podía pasar, que, por supuesto, era catastrófico para ella (van a hablar mal de mí), y todo ese diálogo le había impedido tener una conversación entre compañeras que la ayudase a exponer su punto de vista.

2. **Identifica quién habla**. ¿Es el «lobo» o es tú «yo racional»? Para saberlo existe un truco: si tu pensamiento se basa en datos objetivos, racionales y se centra más en el ahora, eres tú. El «lobo» suele expresarse con pensamientos algo más irracionales y alarmantes y se centra más en el pasado o el futuro.

   Por ejemplo, en el caso anterior existían dos voces: una primera que le advertía que esa persona se estaba metiendo en su terreno y otra de todo lo malo que podía pasar si hablaba con ella y la criticaban. Al ser voces de alerta, podríamos pensar que ambas son voces del «lobo».

3. **Decide a quién escuchar**. Este paso es importante, ya que te va a indicar cómo proceder. Consiste en preguntarte: «¿Tiene mi "lobo" motivos razonables para enviarme esta alerta?». Es de gran importancia ser lo más objetivo posible al responder esta pregunta y recordar para qué está el «lobo» en nuestra vida: para sobrevivir y poner límites cuando sea necesario. Si la voz no nos impulsa a defendernos de un peligro real, entonces no nos es útil.

   Volviendo al ejemplo anterior, la primera voz tenía sentido. Mi cliente debía poner límites a esta otra persona para que su trabajo no se viese perjudicado y para hacerse respetar (otro tema es cómo pongo esos límites, no dejarme llevar por la ira y hacerlo correctamente, pero eso lo veremos cuando hablemos de relaciones). Sin embargo, la segunda voz ya no era tan útil. Primero, porque estaba centrada en el futuro y ninguno podemos controlar ni el futuro ni las reacciones de los demás. Además, existían muchas opciones y muchos «finales» posibles después de tener la supuesta conversación. Algunos de ellos más tranquilizadores. Por lo tanto, en este caso, escuchó al «lobo» primero para decidir que quería tener esa conversación con su compañera y marcar límites, pero no le dio poder respecto a las consecuencias de esa conversación.

4. **Entrena el pensamiento objetivo**. Ésta es la parte que puede costarte más y en la que más puedas llegar a necesitar ayuda, pero voy a intentar darte píldoras que te permitan ir entrenando.

   Primero quiero aclarar que el pensamiento objetivo no es pensar siempre en positivo, decirte cosas bonitas y repetirte como un loro que todo va a salir bien sin más. Eso no funciona. Imagino que ya lo sabrás, pues es lo que siempre intentamos hacer.

   El objetivo de esta fase es encontrar un nuevo pensamiento que sustituya al anterior y repetírtelo cada vez que te «pilles» contándote el cuento del «lobo». A base de repetirlo, llegará un momento que ese nuevo pensamiento llegará solo y podrás cambiar tu estado emocional cada vez más rápido. El pensamiento objetivo consiste en tener en cuenta estas variables:

   Antes de presuponer nada, es importante tener toda la información posible. Nuestro cerebro es un maestro en rellenar información con fantasías. Una persona te mira mal y en un segundo decides que le caes mal, cuando quizá esté sufriendo un drama personal que le impide sonreír en ese momento. Tu jefe no te dice qué bien has hecho este proyecto y ya decides que no le ha gustado. O un cliente no te llama para darte una contestación sobre un presupuesto y das por hecho que le ha parecido caro.

Si quieres saber lo que otra persona piensa, pregúntale. Si te ha llegado información o parte de ella sobre algo, verifícala antes de darlo por verídico. Tomarse el tiempo necesario para buscar información antes de sacar conclusiones ayuda a que nuestro «lobo» no domine y podamos ser más realistas.

Recuerda que no tienes una bola de cristal ni el poder de controlar el futuro. Algo que nos ocurre a menudo es que decidimos qué va a ocurrir en el futuro. Aceptar que nunca lo vas a controlar es un ejercicio importante para calmar al «lobo» cuando fantasea sobre todas las cosas terribles que pueden pasar o cuando tenemos que aceptar que no salieron tan bien como soñamos.

Lo importante es centrarse en el ahora y tomar decisiones sin dejarse llevar por el secuestro emocional. Si tomo conciencia de que estoy haciendo las cosas lo mejor que sé y creo, debería ser mi mantra de seguridad.

Sé razonable con lo que te exiges a ti, a los demás y a la vida. Trabajar la aceptación. No todo el mundo se va a comportar como tú deseas, ni las cosas siempre van a salir bien, ni tú eres una máquina perfecta que no puede permitirse cometer errores.

Pedirle a la vida que todo vaya siempre bien es irracional. La vida es bastante dura a veces. Nos trae momentos muy complicados y no siempre es fácil que nos acompañe una voz positiva y alegre. Cuando pasamos un momento difícil, aceptarlo es la mejor manera de acompañar el dolor con serenidad y sin angustia.

Si la balanza se inclina hacia el negro, échale un poco de blanco. Cuando tu «lobo» te muestre las cosas que no te gustan de ti, de los demás o de la vida, haz el ejercicio de recordar aquéllas que sí te gustan. De esta manera, podrás equilibrar la balanza.

Porque la vida no es blanco y negro. Es equilibrio, son etapas y es aprendizaje. El pensamiento objetivo es justamente eso, equilibro entre tu mente emocional y tu mente racional.

Es importante que te creas el nuevo pensamiento. Si no es así, no servirá. Si, por ejemplo, no confías en que puedas realizar un proyecto en tu empresa y tu voz te dice que no vales, seguramente decirte «Sí que valgo» no te sirva de nada. Necesitas dar con ese razonamiento objetivo que de verdad calme la emoción que te limita.

En definitiva, el objetivo de esta etapa es entrenar tu diálogo interno y trabajar en el cuadrante dos y tres de nuestro circuito emocional para conseguir tener mayor control de lo que en él ocurre. De este modo, conseguiremos un impacto muy positivo en nuestras decisiones, nuestra manera de comportarnos y, por lo tanto, en los logros que alcancemos en la vida. Lo que hacemos es entrenar nuestro neocórtex para que tome mayor control y consiga domesticar al «lobo».

Seguramente te estés preguntando en qué medida es esto posible. ¿Podemos controlar el cien por cien de nuestros pensamientos o reacciones emocionales? La respuesta es no. El ser humano está programado para pensar mal, así que pretender tener siempre pensamientos alegres y maravillosos es poco realista.

Frases como «Si quieres puedes» o «Si puedes soñarlo, puedes hacerlo» son tentadoras pero no realistas. Recurrir a ese tipo de frases no es el objetivo del entrenamiento.

El objetivo es, por un lado, reducir la cantidad de pensamientos que nos limitan y, por otro, frenar a tiempo los que no podemos evitar que lleguen, para que no causen un daño innecesario. Dejarlos ir.

Te propongo que, igual que hiciste con las creencias, vayas apuntando una lista de aquellos pensamientos más recurrentes que te repites y te están limitando y practiques su sustitución por pensamientos objetivos que te impulsen.

8.3. Desenredando el enigma humano con el eneagrama

Otra variable que afecta en las gafas que llevas es tu esqueleto mental o psicológico, que te predispone a ver la vida a través de un filtro u otro.

¿Nunca te has preguntado por qué los hermanos, por ejemplo, que se han criado en la misma familia y en el mismo entorno social son tan diferentes? Incluso los gemelos tienen personalidades diferentes. Y es que la genética también nos marca en nuestra personalidad. Conocer esa predisposición tuya te ayudará a entenderte mejor.

Existen diferentes modelos y herramientas que nos ayudan a descifrar esa personalidad. El DISC es uno de los más conocidos y utilizados, sobre todo en empresas, junto con el eneagrama.

A mí me gusta mucho el eneagrama y lo empleo siempre en mis formaciones. Una vez que alguien consigue entender de verdad esta herramienta e identificarse con ella, es de gran utilidad. Es algo más compleja que el modelo DISC, pero en mi opinión profundiza más en la comprensión de uno mismo.

Aunque seguramente necesites indagar mucho más en ella, quiero dejarte algunas pinceladas para que puedas ir reflexionando sobre ello. Siempre puedes profundizar con mis talleres o a través de sesiones individuales.

¿Qué es el eneagrama?

Es una herramienta que define nueve modelos o tipos de personalidad que se llaman **eneatipos**.

Evidentemente, no existen únicamente nueve tipos de personas en el mundo. Como ya hemos visto, nuestra forma de ser está influenciada también por nuestros valores, creencias y experiencias de vida, pero lo que el eneagrama describe son nueve tendencias inconscientes que nos llevan a buscar la paz interior de forma equivocada si no lo controlamos.

A pesar de no ser la única variable que influye en nuestra personalidad, nuestra genética también nos predispone a pensar, sentir, creer y actuar de determinada manera. Por este motivo, hermanos criados en la misma familia y el mismo ambiente, ya desde pequeños, son muy diferentes. Porque, a pesar de tener los mismos padres, cada uno va a percibir los estímulos según sus filtros individuales.

Para explicar este mecanismo mental, el eneagrama establece lo siguiente:

- Todos tenemos dos «guías interiores»: el ego y la esencia. Nuestra peor y nuestra mejor versión. Cuando el ego nos dirige, no llegamos a ser felices de verdad ni a vivir con serenidad. Sin embargo, cuando vivimos basándonos en nuestra esencia, damos lo mejor de nosotros mismos.
- Todos somos capaces de entrenarnos de forma consciente para vivir acorde a nuestra esencia.
- Todos nacemos con una «herida interior» que intentamos sanar. Cada eneatipo tiene su herida o «sensibi-

lidad». Cuando no eres consciente de ello, el ego trata de curar esa herida o rellenar ese vacío con estrategias equivocadas que a largo plazo nos producen sufrimiento. Sin embargo, una vez que eres consciente de ello y te identificas con esa vulnerabilidad, puedes detectar cuándo estás utilizando las estrategias incorrectas y, así, podrás sustituirlas por otras que de verdad te ayuden a sacar esa versión.

- Lo más importante para conectar con tu eneatipo es reconocer y aceptar esa sensibilidad. Muchas personas intentan identificarse con el comportamiento, pero eso suele llevar a confusión y errores. Lo que de verdad te va a definir es esa herida. Que seas capaz de conectar con esa motivación que te lleva a comportarte de determinada forma.

¿Para qué es útil el eneagrama?

- Es una herramienta reflexiva y al mismo tiempo reactiva. Es decir, te hace reflexionar sobre ti mismo y tus motivaciones y a la vez te proporciona un plan de acción para que puedas mejorar desde el primer momento.
- Te ayuda a reconocer las estrategias mentales o las mentiras, como me gusta llamarlas a mí, que te cuenta tu ego para que puedas dejar de caer en su trampa.
- Te proporciona un plan de acción claro para mejorar.
- Te ayuda a desarrollar la empatía y mejorar tus relaciones, ya que comienzas a entender por qué los demás actúan como lo hacen y a respetarlos más.

¿Cuáles son los nueve eneatipos?

Voy a resumir las principales características de cada eneatipo para que tengas un primer acercamiento a ellos si no los conoces ya. Si esta información no es suficiente para que puedas identificarte, te animo a que profundices en ella. Mi objetivo ahora es que puedas comenzar a reflexionar sobre tus pensamientos y tu forma de ser, para intentar ubicarte en tu eneatipo en las próximas semanas. No es sencillo resumirlo tanto, pero espero conseguir al menos que te lleves una foto clara.

Ten en cuenta que lo que menciono aquí no tiene que cumplirse todo al cien por cien en ti. Las características de cada eneatipo pueden estar más o menos marcadas en función de tu evolución personal. Alguien que vive más en esencia será menos «reconocible» que otro que está más dirigido por su ego. Lo importante aquí es, como te decía antes, reconocer esa motivación interna que te lleva a comportarte como lo haces.

Eneatipo 1: El perfeccionista

- Su sensibilidad o herida es la sensación de no ser suficientemente bueno o perfecto. El eneatipo 1 busca la integridad y mejorar el mundo.
- Su voz interior suele estar relacionada con la búsqueda de errores suyos o de los demás para corregirlos. Busca, sin darse cuenta, lo que no está bien e intenta mejorarlo. Lo hace también con las personas. En su cabeza, su manera de ver las cosas es la correcta, por lo que pueden ser rígidos y poco flexibles.
- Su mentira: «Si todo es perfecto conseguirás estar en paz».

- Algunos posibles comportamientos: les gusta el orden, la limpieza y que las cosas se hagan bien. Son disciplinados y pueden llegar a juzgar constantemente a los demás y a sí mismos, porque nunca nada les parece lo suficientemente bien hecho. Muchas veces el deber les puede más que el placer.
- Cómo se emocionan: normalmente, conectan más con la ira que con ninguna otra emoción. Si no tienen confianza, puede que les cueste expresar otras emociones como la tristeza ante los demás por no estar bien visto. Suelen parecer fuertes y algo fríos ante aquéllos con quienes no tienen confianza.

Eneatipo 2: El ayudador

- Su sensibilidad o herida es la de no quererse a sí mismos; intentan sustituir ese amor ayudando a los demás para que lo quieran.
- Su voz interior suele estar relacionada con la necesidad de ayudar y sentirse útiles para recibir así el agradecimiento. En su cabeza, están constantemente pendientes de los demás y se esfuerzan en ser amables, buenas personas y en ayudar en todo momento. Priorizarse por encima de otros pueden verlo como egoísmo. Buscan de manera inconsciente el agradecimiento de aquéllos a los que ayudan.
- Su mentira: «Si ayudas a los demás y eres imprescindible para ellos, te van a querer mucho. Si consigues ese agradecimiento y que te necesiten, tendrás paz».
- Algunos posibles comportamientos: se olvidan de cómo están ellos para entregarse a otros, lo que muchas veces los coloca los últimos en su lista de prioridades. Están pendientes de todo el mundo y siempre

se ofrecen a cuidar y ayudar a los demás. Pueden sentirse ofendidos si no se les agradece lo que hacen. Pueden llegar a ser intrusivos sin darse cuenta, y es que les cuesta mucho dejarse ayudar por otros. Ellos suelen estar bien y les resulta difícil pedir ayuda.
- Cómo se emocionan: sufren por dentro. Su necesidad de amor los hace sufrir si no se sienten correspondidos, pero muchas veces lo ocultan o intentan ignorarlo hasta que se enfadan. No les gusta mostrar la tristeza, aunque sí la sienten y sufren por dentro. Son muy capaces de mostrar amor hacia los demás.

Eneatipo 3: El triunfador

- Su sensibilidad o herida es la de considerarse poco válido. Duda de sí mismo y busca tener éxito y reconocimiento para compensar esa inseguridad.
- Su voz interior suele estar relacionada con la necesidad de dar una imagen de éxito y hacer lo posible para lograr triunfar en la vida personal y en la profesional. Buscan de forma inconsciente el reconocimiento de los demás para sentir que son válidos. Su voz interior es una lucha entre la inseguridad y la necesidad de mostrar al mundo sus logros.
- Su mentira: «Si los demás te ven exitoso y te lo dicen, entonces lo eres. Si tienes éxito, tendrás paz».
- Algunos posibles comportamientos: se esfuerzan mucho para que les vaya bien en la vida y en su trabajo. Son personas de acción enfocadas muchas veces hacia los logros profesionales. Les gusta cuidar su imagen y agradar a todo el mundo. Buscan inconscientemente ser reconocidos, lo que les lleva muchas veces a hablar de sí mismos y las cosas que han conseguido. A veces

olvidan su esencia y lo que de verdad es importante por priorizar el trabajo.

- Cómo se emocionan: suelen mostrar simpatía y alegría. De puertas afuera siempre están bien y todo les va bien. Les cuesta mostrarse mal ante las personas que no conocen. Viven con la ansiedad provocada por esa necesidad de lograr sus metas. En la intimidad se sienten más inseguros de lo que su imagen proyecta.

Eneatipo 4: El melancólico

- Su sensibilidad o herida es la sensación de no ser vistos por los demás. Sienten un vacío inexplicable que los lleva a buscar la atención de los demás siendo diferentes y originales.
- Su voz interior suele estar relacionada con pensamientos que los llevan a compararse de alguna manera con los demás. Buscan de manera inconsciente que les hagan caso, que los vean, sentirse importantes para los demás desde el punto de vista afectivo. Para captar la atención de los otros, buscan ser distintos, originales, creativos, diferentes. Su voz interior es capaz de crear «relaciones ideales» en su cabeza que son poco realistas. Al no sentirse capaces de alcanzar esas ilusiones, se hunden en la tristeza.
- Su mentira: «Para que los demás te tengan en cuenta debes ser diferente. Lo normal y lo cotidiano no "vende". Cuando seas suficientemente especial, entonces te verán, te querrán y estarás en paz».
- Algunos posibles comportamientos: pueden ser personas creativas con gustos e ideas que se salen un poco de la monotonía. Suelen tener una imagen distinta y original a través de su forma de vestir, su profesión o

sus gustos. Les gusta moverse en entornos alternativos y rodeados de creatividad. Pueden estar muy centradas en sí mismas cuando sufren y les cuesta salir de sus emociones de tristeza o melancolía. Pueden expresarlo y hablar de cómo se sienten a todas horas o guardárselo para ellas, pero esa sensación de vacío o rechazo las acompaña y se puede volver algo obsesiva. Sufren cuando se sienten rechazadas.
- Cómo se emocionan: son muy emocionales tanto si lo muestran, como si no. Muchas veces, una montaña rusa emocional. Cuando se sienten felices, lo disfrutan al máximo y, cuando no, sufren mucho. Les cuesta mantener el equilibrio emocional si no se entrenan.

Eneatipo 5: El intelectual

- Su sensibilidad o herida es la sensación de que les faltan recursos e intentan buscar la rentabilidad de todo utilizando el conocimiento y su inteligencia.
- Su voz interior los suele llevar a pensar constantemente en cómo conseguir mejores resultados y recursos en su vida. Cómo aprovechar el tiempo, la economía, la rentabilidad en el trabajo, su energía física, sus relaciones... Son muy racionales y se vuelcan en adquirir conocimiento para ser más eficaces en su vida.
- Su mentira: «Necesitas sacar el máximo provecho de tus recursos, así que debes estudiar y planificarte para lograrlo. Si consigues optimizar al máximo tu tiempo, tus relaciones o tus negocios, estarás en paz».
- Algunos posibles comportamientos: suelen ser personas tranquilas y amables, poco amantes de las grandes fiestas y de demasiada vida social. Analizan mucho todo lo que hacen desde la racionalidad. Sue-

len ser expertas en aquellos temas que les gustan o que consideran necesarios para su vida. Se sienten cómodas con aquéllos que conocen y con quienes pueden compartir su conocimiento. No les gusta mucho socializar con mucha gente. Pueden ser consideradas algo «raritas» por quienes no las conocen, ya que a veces no muestran muchas habilidades sociales o pueden llegar a ser ratones de biblioteca.
- Cómo se emocionan: no conectan mucho con las emociones. Son mucho más racionales. Su estrategia es ignorar sus emociones y les cuesta identificar o empatizar con las emociones de los demás. No es por falta de interés, sino por falta de capacidad o costumbre. No se sienten cómodas hablando o mostrando emociones ni con personas que lo hagan con ellos.

Eneatipo 6: El leal

- Su sensibilidad o herida es la necesidad de sentirse seguros. Se sienten vulnerables en el mundo. Ven peligros o posibles problemas por todas partes y necesitan protegerse de ellos adelantándose a lo que pueda pasar y creando estrategias para evitar lo que pueda venir.
- Su voz interior los lleva a sentir ansiedad y miedo al futuro, a pensar en todo lo malo que puede ocurrir y a buscar estrategias para intentar evitarlo. Al mismo tiempo, no siempre se sienten seguros de poder resolverlo por sí mismos, por lo que dudan mucho sobre qué decisiones tomar y, en ocasiones, intentan apoyarse en personas en las que confían.
- Su mentira: «Si te adelantas a todo lo malo que puede pasar y controlas las variables necesarias, podrás

evitar los peligros y sufrirás menos. Entonces, estarás en paz».

- Algunos posibles comportamientos: suelen ser personas que dudan mucho de todo, incluso qué plato elegir en el restaurante puede ser una comedura de coco. Tienen capacidad para ponerse en las peores situaciones y utilizan el control para intentar evitar lo que pueda ocurrir. Sin embargo, cuando los problemas llegan de verdad, suelen ser bastante resolutivas y ese miedo que las acompaña desaparece para dejar paso a una gran efectividad y capacidad de acción.
- Cómo se emocionan: conectan mucho con el miedo y la ansiedad. La necesidad de control y a veces obsesión inconsciente por evitar problemas les genera esa ansiedad constante. Al mismo tiempo, son personas tranquilas y amables que conectan bien con los demás. La ansiedad no siempre la muestran y pueden incluso ignorarla, pues ponen la razón y el control por encima de los sentimientos.

Eneatipo 7: El entusiasta

- Su sensibilidad o herida es el miedo a sufrir y las «cosas feas» de la vida. Por eso se esfuerzan para que todo sea alegría, despreocupación y diversión.
- Su voz interior les dice a todas horas que la vida hay que vivirla al máximo. Que los problemas y el dolor son terribles y es mejor ignorarlos y centrarse en el disfrute y el buen humor. Buscan planes, experiencias y situaciones que los mantengan constantemente entretenidos para no tener que dedicar tiempo a la parte más complicada de la vida o a mirarse dentro.

- Su mentira: «Si te esfuerzas en ser optimista, en disfrutar de la vida al máximo y consigues no dar importancia a los problemas, estarás en paz».
- Algunos posibles comportamientos: suelen ser personas alegres, optimistas, que sonríen sin parar, los reyes de la fiesta y los planes divertidos. En general, son bastante activas en su vida social. Les gusta estar en todos los planes posibles y divertirse. Cuando se enfrentan a los problemas, su estrategia es pensar que todo va a estar bien y no les gusta mucho hablar ni profundizar en esos temas. Pueden ser intensas y resultar poco constantes o comprometidas ante los demás si no se esfuerzan por serlo de manera consciente. Hacen lo posible por no aburrirse nunca, algo que las aterra, y se desviven por sentirse estimuladas con planes divertidos. Huyen de conectar consigo mismas.
- Cómo se emocionan: su emoción primaria es la alegría, la cual utilizan para quitar poder a cualquier otra emoción desagradable. No se sienten cómodas ante la tristeza, la ignoran siempre que pueden. Muestran el enfado cuando no consiguen lo que quieren, pero no lo van a mostrar con cualquiera, sólo con aquellas personas con las que tienen mucha confianza. Para el resto del mundo, son «la alegría de la huerta».

Eneatipo 8: El líder

- Su sensibilidad o herida es el miedo a mostrarse vulnerables y que les hagan daño. Por eso crean una coraza y una imagen de poder y fortaleza para protegerse.
- Su voz interior les dice que cualquiera puede aprovecharse de ellos o hacerles daño, por lo que constantemente se protegen de lo que hacen o dicen los demás.

Buscan una posición de poder y con la intimidación mantienen a todo el mundo en su sitio.

- Su mentira: «Si controlas a los demás y no les muestras tu corazón, vas a evitar que te hagan daño y así conseguirás vivir en paz».
- Algunos posibles comportamientos: suelen ser personas con una imagen fuerte. Son ellas las que cuidan de los suyos y los protegen. En el fondo, son sensibles, pero les cuesta mostrarlo, por miedo a que los demás no las vean como personas fuertes y poderosas. Utilizan la intimidación y su posición de poder para sentirse seguros y evitar ser heridas. Les gusta ocupar la posición de líder en todo lo que hacen y estar al mando para controlar al grupo.
- Cómo se emocionan: la ira es la emoción con la que más cómodas se sienten. La utilizan para mostrar su poder e intimidar a los demás para que no puedan quedar por encima de ellas. El resto de sus emociones las ignoran y las ocultan a los demás. Mostrarse triste o excesivamente alegre les puede resultar incómodo porque las puede hacer parecer vulnerables. Les cuesta empatizar y conectar con los demás emocionalmente.

Eneatipo 9: El pacificador

- Su sensibilidad o herida es el conflicto. Necesitan y buscan la paz interior constante y tener una vida agradable y sin complicaciones.
- Su voz interior les dice que lo mejor en la vida es mantenerse al margen de los problemas y las grandes complicaciones de la vida. Que el conflicto es algo absurdo y que hay que evitarlo. Que su papel ante los

demás es el de ayudarlos a tener una vida fácil y cómoda. Su voz los lleva a buscar que nadie ni nada altere su paz interior.

- Su mentira: «Para estar en paz, es mejor ignorar los conflictos, mantenerse al margen de todo lo complicado y hacer la vida fácil a todo el mundo».
- Algunos posibles comportamientos: suelen ser personas tranquilas y amables a las que todo siempre les parece bien. No les gusta enfadarse con quienes no tienen confianza y suelen decir que sí a todo por no discutir o causar un problema a otra persona. El problema es que se olvidan de priorizarse a sí mismos para adaptarse a los demás, algo que a veces «explota» y entonces muestran su ira contenida. Buscan no alterarse con nada, por lo que a veces pueden resultar personas que se limitan a su zona de confort y no se esfuerzan por mejorar o progresar en la vida. El esfuerzo les suele dar pereza, sobre todo si tienen que esforzarse para algo suyo.
- Cómo se emocionan: están bastante desconectadas emocionalmente de todo lo que pueda alterar su paz. No se sienten cómodas ante la tristeza o la ira, aunque, como decía antes, cuando llevan mucho tiempo aceptando las condiciones de otros, pueden «saltar» y enfadarse con quienes tienen confianza. Para quienes no las conocen tanto, son personas que siempre están bien, felices, tranquilas y en paz.

Es importante que a partir de ahora intentes fijarte en esa motivación y en tu diálogo interno. Veamos ejemplos reales que te van a ayudar a entender a qué me refiero:

Dos personas perfeccionistas en su comportamiento diario coincidieron en uno de los talleres que imparto de eneagrama. Las dos se identificaban con el hecho de necesitar que las cosas estuviesen bien terminadas, con el orden y con la limpieza, y tenían algunas manías similares, como poner el lavavajillas porque no soportaban que otros lo hiciesen de forma ineficiente o desordenada. Las dos se identificaban con el eneatipo 1, pero, al terminar la formación, una de ellas terminó identificándose con el eneatipo 3. ¿La diferencia? La motivación que las llevaba a cada una de ellas a ser perfeccionistas. Susana buscaba mejorar las cosas y hacerlas lo mejor posible porque era su manera de contribuir a un mundo mejor, lo hacía desde un sentimiento profundo de integridad y valores. En su cabeza no entraba la posibilidad de no hacer las cosas perfectas. Sin embargo, Marta fue consciente de que su necesidad de hacer las cosas bien tenía un origen diferente: ella buscaba buenos resultados para dar una buena imagen a los demás y para tener más posibilidades de éxito. En este caso, Susana es un eneatipo 1 y Marta un 3. Desde esa consciencia, cada una tendrá un plan de acción diferente.

Álvaro tenía tendencia a procrastinar. Curiosamente, menos en el trabajo que en su vida personal. Algo parecido le ocurría a Sara, que en su caso procrastinaba en ambos ámbitos. La motivación que descubrió Álvaro, después de realizar el curso, era su necesidad de no complicarse la vida y de no complicársela a los demás. En el trabajo llevaba todo al día y era muy responsable, pues quería colaborar para que su empresa diese buenos resultados y evitaba cualquier conflicto haciendo las cosas como debía. Sin embargo, en lo personal le costaba más actuar y se dejaba llevar por la pereza. Quería aprender a tocar la guitarra y hacer un curso de vela, pero lo dejaba año tras año. La motivación en este caso es de eneatipo 9 (no complicarme la vida ni complicársela a los demás). Sara, sin embargo, descubrió que la suya era el miedo a equivocarse. Le daba mil vueltas a todo y le costaba ponerse en marcha porque no estaba nunca segura de haber tomado la decisión correcta.

La inseguridad del eneatipo 6. Una vez Álvaro se vio reflejado en su eneatipo, se ha convertido en una persona mucho más resolutiva y activa. Está en un grupo de música y es patrón de yate. Sara tomó la decisión de cambiar de trabajo y ahora tiene una vida mucho más equilibrada.

A partir de aquí, espero que sientas que ya tienes más herramientas para ir definiendo el diálogo interno que te produce estrés y los motivos que provocan que escuches la voz interior equivocada.

Una técnica que utilizo yo cuando me percato de que estoy escuchando a mi ego o al «lobo» es tener un diálogo con él. Le hablo y utilizo el humor para rebajar la tensión de esa voz que me está haciendo daño en ese momento. Le digo cosas como ésta: «Cómo me cansas, "lobo", ya estamos otra vez buscando el reconocimiento... ¿No te das cuenta de que lo que me cuentas no es real? Anda, déjame tranquila». Quizá ahora, al leer esto, te estés riendo, pero de verdad que este tipo de técnicas ayuda a bajar la tensión. ¡Pruébalo!

Cerramos entonces la fase *Reality*. Espero que ahora tengas una imagen más realista de las gafas que llevas puestas y de cómo quitarle poder a esos pensamientos que te impiden ser tu mejor versión.

Nos adentramos ahora en el fascinante mundo de las relaciones.

9

Others: el arte de conectar

¿Sabías que la soledad y la falta de contacto físico con otras personas enferma? En un estudio que realizó el doctor Nils Bergman en Zimbabue, descubrió que la tasa de supervivencia de los bebés que nacían con problemas era el 50% mayor que los bebés de países más desarrollados que eran trasladados a la incubadora de inmediato. Esto se debía a que la ausencia de estas incubadoras obligaba a que los bebés pasaran más tiempo con su madre y esto repercutía positivamente en la tasa de supervivencia.

Los seres humanos somos seres sociales. Necesitamos relaciones sanas para ser felices y mejorar nuestra salud física y mental. Hay numerosos estudios que se han realizado sobre este tema. Todos hemos sufrido el estrés que supone tener cerca a una persona con la que estalla el conflicto frecuentemente cuando no somos capaces de manejar esas situaciones con serenidad.

Ahora que conoces algo mejor cómo funcionamos los seres humanos y cómo se forma nuestra personalidad, seguramente comprendas mejor el origen de los conflictos personales. Somos muy diferentes, cada uno viviendo en nuestro mapa, con nuestras gafas, con nuestra manera de sentir y expresar las emociones, con nuestros «lobos» activando alarmas..., es natural que choquemos con personas que ven la vida de una manera muy diferente a la nuestra y a las que nos cuesta entender.

En este capítulo no vamos a trabajar cómo conseguir que conectes de maravilla con todo el mundo, pues sería poco realista, pero sí puedo ofrecerte herramientas para entrenar tus habilidades sociales, para que te ayuden a cultivar la serenidad cuando te enfrentes a esos conflictos. También te facilitaré herramientas de comunicación para que puedas gestionar las discusiones eficazmente. Así sufrirás menos estrés emocional y conseguirás relaciones mucho más sanas.

Déjame preguntarte algo: ¿cómo mides el impacto que tienes en la vida de los demás?, ¿y el impacto que tienen ellos en ti?, ¿lo has pensado? Cada persona con la que tienes contacto en tu día a día influye en ti y tú en ellas de alguna manera. El niño que te sonríe en el ascensor, el intercambio de buenos días con el portero, la comunicación verbal y no verbal con tu pareja, cómo recibes un comentario de tu jefe y cómo contestas... Nuestros días están llenos de momentos de interacción que tienen mucha importancia, aunque no siempre les damos valor.

Seguramente has vivido la experiencia de estar comprando en una tienda y que la persona que te atiende sea desagradable y seca. Automáticamente, se produce una reacción de tensión en ti. Una reacción muy diferente de la que se daría si esa persona fuese amable, cálida y te atendiese con una sonrisa.

Todos tenemos el poder de influir en el estado de ánimo de otros. Eso significa que si tienes ese poder puedes elegir cómo utilizarlo, si para bien o para mal. Y es tu decisión cómo quieres que sea esa influencia.

Todos nos cruzamos con personas «vitamina» y con personas que nos producen tensión. ¿Qué tipo de persona eres tú? Te invito a que en esta primera parte reflexiones sobre ello.

Escribe una lista con las personas que son más importantes para ti y otra con personas que tratas a diario y que tienen mucha presencia en tu vida. Después te invito a plantearte las siguientes preguntas:

1. ¿Cómo te sientes con esa persona? En la relación diaria, ¿te sientes a la defensiva o estás relajado con ella?
2. ¿Cómo reaccionas ante ella? ¿Te enfadas? ¿Muestras tu cariño? ¿Te irritas? ¿Eres frío y evasivo?
3. ¿Cómo es tu comunicación con esa persona? ¿Cuán exigente eres? ¿Eres crítico muy a menudo? ¿Comprensivo? ¿Te gusta tener la razón o estás abierto a escuchar? ¿Te comunicas desde el resentimiento o desde la empatía?
4. ¿Qué pensamientos o emociones te vienen a la cabeza cuando piensas en ella? ¿Son amigables o negativos?

Puedes escribir sobre estas reflexiones y subrayar en rojo aquello que crees que no suma en la relación y en verde lo que sí. De esta manera, podrás tener una imagen visual de cómo puedes estar influyendo en esa relación: sumas o restas.

Es importante que al realizar este ejercicio no te justifiques ni valores por qué eres así. Es decir, si sientes que te enfadas mucho con esa persona, no justifiques que tu enfado se debe a su mal comportamiento. Cuando chocamos mucho con una persona es fundamental analizar qué nos hace saltar a nosotros con independencia del comportamiento del otro. Entendemos que es sencillo estar bien con las personas con las que conectamos mejor, pero el reto es conseguir estar bien también con aquéllas con las que nos cuesta más.

¿Cómo lo conseguimos? ¿Cómo puedes entrenar tu mente para mantener la serenidad incluso con aquellas personas o situaciones que te producen tensión?

9.1. Sanando nuestras relaciones a través de la autoexploración

Lo primero es entender qué hace que esa persona provoque en ti ese malestar. Vamos a practicar con una persona en concreto y después podrás realizar este ejercicio con todas las que desees. Quiero que pienses en esa persona que te produce tensión emocional. Escribe su nombre y, seguidamente, describe qué te hace sentir. Puede ser rabia, rencor, tristeza, irritación, miedo... Escríbelo.

A continuación, necesito que seas muy sincero a la hora de hacer esta reflexión que te voy a plantear. Cuando una persona te produce una emoción que te impide mantener la serenidad es porque de alguna manera vives a la defensiva ante esa persona. Cuando reaccionamos a la defensiva es porque nuestro «lobo» se siente de alguna manera amenazado y necesita defenderse o huir.

Por ejemplo, recuerdo cuando Ana me decía que no podía soportar a su cuñada. Le producía mucho rechazo porque hablaba demasiado de lo bien que le iba todo en la vida. La mente consciente de Ana justificaba el rechazo hacia su cuñada diciendo que no soportaba su vanidad ni su egocentrismo. Después de trabajar ese sentimiento en profundidad, cayó en la cuenta de que detrás de esa rabia existía la inseguridad. Cuando su cuñada hablaba de sus éxitos, ella se sentía fracasada. Con el tiempo, Ana acabó dándose cuenta de que sentía incluso cierta envidia de los logros de su cuñada que ella no había podido conseguir. El «lobo» de Ana se sentía amenazado por alguien que podía ser mejor y «echarlo» de la manada. Cuando Ana pudo verbalizar todo esto y entender que ella podía controlar ese sentimiento de rechazo, se puso en acción y comenzó a entrenar su diálogo interno para recordarse que ella también valía mucho.

Ahora me gustaría que respondieses a esta pregunta: «¿Qué hay detrás de la emoción que produce esa persona en ti?».

No es fácil de reconocer, ya que para lograrlo es necesario sacar a la luz nuestra parte más oscura y nuestras inseguridades, aunque al mismo tiempo resulte liberador.

Normalmente, cuando nuestro «lobo» se siente amenazado ante el comportamiento o las palabras de otras personas, se puede deber a diferentes causas:

- Es verdad lo que esa persona dice y por eso te duele.
- Crees que lo que esa persona dice es cierto, aunque no lo sea y te duele.
- El comportamiento de esa persona ataca tus valores o tus creencias más profundos. Por ejemplo, me hace daño porque siento falta de amor.
- Esa persona tiene algo que anhelas de alguna manera para ti y te hace sentir inferior.
- El comportamiento de esa persona muestra una parte tuya que no te gusta y no reconoces que existe. La famosa ley del espejo.

Reflexiona y escribe tus conclusiones.

Cuando te encuentres con esa persona o pienses en ella, es importante que recuerdes que parte del conflicto te pertenece. Es cierto que no siempre vas a ser tú del todo responsable de que una relación no fluya. Pero todo lo que puedas sacar a la luz que dependa de ti te va a ayudar a bajar la intensidad de la tensión que te produce estar con esa persona.

Quizá mientras lees esto estés pensando que en ocasiones te enfadas porque te están atacando de verdad y que tu reacción está justificada. Desde luego, esto ocurre. Puedes ser tú la víctima de la envidia de otros o ser tú la amenaza para otros sin darte cuenta. En esos casos, si de manera objetiva sabes que esa persona te ataca (recuerda que para ser objetivo necesitas tener información verificada), es lógico que te defiendas. Poner límites a otros es necesario y para lograrlo es importante aprender a establecerlos sin perder la serenidad en la medida de lo posible. Abordaremos en detalle sobre cómo conseguirlo más adelante.

9.2. Conectando desde la empatía

La empatía consiste en conseguir ver las cosas desde el punto de vista de los demás. Ser capaz de interpretar lo que sienten y ser capaz de ponernos en su lugar. La filósofa Simone Weil decía: «Es una capacidad que casi ninguno de los que creen tenerla la tienen en realidad».

Para ser empáticos, lo primero que necesitamos es tener intención. Para nuestra mente no siempre es fácil ponerse en el lugar del otro, ya que nuestro «lobo» puede sentirse vulnerable si lo hace. Si reflexionamos sobre esto, el ser humano suele creer que tiene la razón y, en lugar de poner en marcha la empatía, tiene tendencia a aconsejar, competir, juzgar o corregir a los demás. Solemos creer firmemente que nuestro punto de vista es el válido, que la manera correcta de actuar es la nuestra y, por lo tanto, la primera reacción «primitiva» cuando alguien no cumple con esos estándares es rechazar la manera de pensar o de actuar de la otra persona.

En función de la inteligencia emocional que hayas desarrollado a lo largo de tu vida, hoy puedes ser una persona con más o menos dificultad para empatizar con los demás, pero estés en el punto que estés, siempre puedes mejorar.

Para valorar previamente tu punto de partida, déjame exponerte varios temas que pueden confundirte a la hora de valorar si eres una persona empática.

Es importante entender que la empatía significa escuchar de verdad, comprender, aceptar y mostrar respeto hacia otro, aunque no estemos de acuerdo con él. Además, seremos realmente empáticos si somos capaces de hacer esto con personas que no nos interesan o por las que no sentimos simpatía. Es más sencillo empatizar con alguien con quien tienes afinidad o por el que sientes algún interés. ¿A qué me refiero con esto? Puede ser que una persona no sea muy empática, pero que tenga un interés determinado por acercarse a alguien y se esfuerce por ver lo positivo de esa persona y por mostrarse cercano y amable. También ocurre cuando tenemos afinidad con alguien o deseamos su aprobación. Pero en estos casos intentamos ponernos en el lugar del otro desde nuestro propio filtro de creencias, valores o intereses. Nos volvemos simpáticos, pero no siempre empáticos.

También hay que tener en cuenta que cuando una persona a la que queremos sufre, nos contagiamos de ese estado emocional y lloramos o nos preocupamos con ella, pero eso no significa siempre que tengamos una alta capacidad de empatía. De hecho, seremos más inteligentes emocionalmente si conseguimos conectar y entender el sufrimiento del otro pero sin involucrarnos y contagiarnos de esa emoción.

Por esto mismo, muchas personas creen ser empáticas. Si yo soy capaz de ponerme en la piel de alguien a quien quiero o por quien tengo algún interés, puede parecer que sí tengo la habilidad de la empatía. O si lloro con los anuncios de la televisión, puedo también pensar que tengo esa habilidad.

Para que puedas valorarlo, es importante entender que la empatía significa entender y comprender al otro desde dos enfoques:

- Desde lo **cognitivo,** a través de los pensamientos, puedo entender y razonar sobre esa persona. Para conseguirlo, necesito saber preguntar, escuchar con atención y tener el propósito de comprender al otro. Sin juicios.
- Desde lo **emocional,** puedo identificar lo que está sintiendo esa persona y conectar con ella sin dejarme contagiar en exceso.

¿Cómo saber si soy una persona empática?

Veamos ejemplos de situaciones que se pueden dar en nuestro día a día desde dos perspectivas. Recuerda ser siempre muy sincero contigo mismo a la hora de identificarte con uno u otro comportamiento. No importa tanto cómo estás hoy, sino todo lo que puedes hacer a partir de hoy.

A	B
Tu hijo o tu pareja llega angustiado contándote que ha tenido un problema con un compañero. Tú le quitas importancia enseguida, diciendo que no se preocupe, que no es para tanto, y le aconsejas contándole qué harías tú en su lugar. No te apetece hablar mucho porque estás cansado.	En el momento en el que te lo cuenta, le haces preguntas sobre lo que ha pasado y sobre cómo le hace sentir esa situación. Intentas comprenderlo y, una vez que recoges la información, le preguntas qué necesita de ti, por qué te lo está contando y si necesita un abrazo, consuelo, tu opinión, que le ayudes a analizar la situación...

Tu jefe últimamente tiene poco tiempo para ti. Las dos últimas veces que has ido a hablar con él te ha despachado rápido y ha sido bastante seco. Te sientes mal y te enganchas a ese sentimiento que produce en ti ese «rechazo» o falta de atención por su parte.	Antes de salir del despacho, le pregunto si está bien. Le digo que le noto algo tenso y que si puedo ayudarle en algo. Pienso que quizá tiene algún problema personal en casa o presión por parte de sus jefes y está viviendo un momento de estrés agudo que le impide dedicarme el tiempo que a mí me gustaría.
He quedado con un amigo a tomar una cerveza y una hora antes cancela el plan. Me enfado y me molesta mucho que me deje tirado. Pienso en la falta de compromiso y de respeto que ha tenido hacia mí al anular la cita en el último momento y dejarme solo.	Cuando leo el mensaje, le pregunto si ha pasado algo y cómo está y después escucho sus explicaciones: si estaba cansado y necesita dormir porque ha tenido una semana dura, lo comprendo y le digo que no se preocupe, que otro día quedamos. No me siento atacado por ello.
Has organizado un viaje con tus hijos y decides darles una sorpresa e incluir a sus primos en el viaje. Cuando se lo dices, te contestan que no les apetece mucho el plan, que prefieren estar solos en familia y que les habría gustado que les hubieses pedido su opinión antes. Te enfadas porque consideras que son unos desagradecidos. No entiendes por qué se quejan cuando lo has hecho con tu mejor intención y se lo dices.	Les preguntas los motivos por los que no les apetece ir con sus primos al viaje. Te pones en su lugar y entiendes que igual podrías haberles preguntado antes. En tu afán de darles una sorpresa, no pensaste que quizá no les iba a apetecer, te disculpas con ellos y buscas una solución.

Si normalmente te encuentras más en la columna A, tienes trabajo por delante. Muchas personas piensan que la empatía es un don, pero no es así. Es una habilidad que se adquiere con enfoque y entrenamiento, así que no te preocupes.

Para motivarte a entrenar la empatía, recuerda que es la habilidad que más nos ayuda a gestionar los conflictos. Necesitamos la empatía para convivir, ya que esta te permite:

- Conseguir información sobre el otro y procesarla desde su perspectiva. Recuerda que el mapa no es el territorio.
- Conseguir que la otra persona se sienta escuchada y respetada, por lo que favorecerá la comunicación entre los dos. De esta manera, se reduce la sensación de que el otro es una amenaza y nos permite sentir que podemos funcionar juntos.
- Nos ayuda a conocer a los demás, sus miedos, sus necesidades..., algo fundamental para poder adaptarnos mejor a ellos a la hora de relacionarnos.

Tristemente, los últimos estudios han revelado que la habilidad de la empatía se está reduciendo considerablemente en los últimos treinta años. Una investigación de la Universidad de Michigan desveló que los niveles de empatía de los estudiantes universitarios disminuyeron un 40% entre los años 2000 y 2010. Seguramente, las redes sociales y la digitalización tengan algo que ver. No podemos sentir a otra persona a través de un mensaje de texto y no podemos mostrarnos tal y como somos en las redes sociales. Si valoramos los cambios tras la pandemia de la COVID-19, nos damos cuenta de que hemos perdido mucho contacto humano y eso, definitivamente, tiene sus consecuencias.

Para poder sentir al otro no sólo nos valemos de las palabras. Necesitamos escuchar su lenguaje no verbal. Su tono de voz, sus gestos, su postura corporal, su mirada..., algo que se pierde si no estamos cara a cara con esa persona.

Para compartir contigo herramientas que te permitan entrenar la empatía, voy a exponer cuáles son, a mi parecer, **los grandes enemigos de la empatía** y **cómo combatirlos**.

1. **El juicio**. Colocarnos en el papel de juez, valorando las acciones o decisiones del otro. Es importante tener en cuenta que muchas veces hacemos juicios sin que nadie nos lo pida y, además, muchas veces lo hacemos sin tener toda la información real. Como ya vimos con anterioridad, nuestro cerebro decide rellenar la información a su manera y la filtra en función de nuestros valores y creencias, por lo que la mayoría de las veces que emitamos un juicio, lo haremos de manera injusta. Te animo a escribir en el móvil una cruz cada vez que te encuentres emitiendo un juicio sobre alguien. Al final del día, revísalo. Si puedes, escribe lo que ha ocurrido y después intenta reflexionar desde otro punto de vista. Puedes intentar preguntar para obtener más información y entrenar tu mente a pensar en diferentes posibilidades que puedan haber llevado a esa persona a hacer lo que hace. Salir de tu punto de vista y de tu opinión.
2. **Tener la razón**. Estamos convencidos de que nuestro enfoque es el válido y eso nos impide ver realmente a la otra persona y sus circunstancias. Querer tener la razón es un gran enemigo de la empatía. No puedes escuchar de verdad al otro si en tu cabeza estás buscando cómo rebatir sus ideas para tener tú la razón.
3. **El egocentrismo**. Estamos más pendientes de nuestros sentimientos y de lo que queremos decir que de la otra persona. Nos ponemos como centro del universo (modo supervivencia) y todo gira en torno a lo que yo deseo, lo que yo siento, lo que yo necesito decir en ese momento. Esta tendencia nos impide conectar con quien tenemos enfrente. Si en una discusión estás centrado en lo mal que esa persona te hace sentir, pierdes la oportunidad de ponerte en sus zapatos.

Para entrenar la empatía prueba esto:

- Haz un esfuerzo por preguntar y escuchar con la intención verdadera de saber más sobre la otra persona antes de decidir y juzgarla.
- Imagina diferentes circunstancias que hayan podido llevar a esa persona a comportarse como lo hace. Intenta buscar alternativas amables. Puedes utilizar el eneagrama, por ejemplo, para entender también la personalidad de los demás. Entender que no estamos viendo las cosas desde el mismo prisma. Quizá por edad, por cultura, por educación, por valores... No siempre el otro es el malo de la película, simplemente, es diferente.
- Si te cuesta conectar con las emociones de los demás, prueba a ver películas sin sonido e intentar averiguar qué están sintiendo los actores. Entrenarás las áreas del cerebro que conectan con ello.
- Recoge en un diario las ocasiones en las que te encuentres juzgando, criticando o corrigiendo a alguien sin que te lo haya pedido o sin tener toda la información.

9.3. La magia de las palabras en la comunicación eficaz

Lo importante no es lo que dices, sino cómo lo dices.

Las emociones constituyen un poderoso lenguaje en sí. Son un instrumento de comunicación utilizado por casi todos los animales.

La comunicación no son sólo las palabras que utilizamos. La otra persona percibe nuestro tono de voz y el lenguaje no verbal que nos delata. La postura corporal y las microexpresiones faciales son armas de comunicación más potentes que la palabra, ya que residen en áreas del cerebro mucho más profundas que el lenguaje.

Todos los seres humanos del mundo expresan igual sus emociones con independencia de su cultura, raza o país de origen. No utilizamos la misma lengua, pero podemos percibir cómo se siente otra persona con sólo ver su rostro.

Una madre emplea el lenguaje emocional con su bebé. Aprende a entender sus necesidades a través de ese lenguaje, hasta que éste comienza a expresarse con palabras.

Por lo tanto, nuestro estado emocional contagia y afecta a nuestra comunicación. ¿Te ha ocurrido que estando enfadado has intentado decir algo a alguien de buenas maneras y la otra persona lo recibe mal? Y es que esconder tus emociones a la hora de comunicarte es algo realmente complicado. El lenguaje emocional facilita u obstaculiza tus palabras. Si en una conversación hay un componente emocional agresivo importante, las palabras sirven de poco. La persona que escucha no es capaz de descifrar el mensaje de las palabras, ya que primero va a descifrar el mensaje emocional, que es el más primitivo, y va a reaccionar antes a él. Por el contrario, si la conversación tiene un componente de serenidad y confianza, el significado de las palabras se potencia.

Lo habrás notado seguro cuando estás con alguien y le preguntas qué tal está y te contesta que bien, pero sabes que no es cierto. Algo en su lenguaje no verbal te transmite lo contrario a sus palabras. Eres capaz de percibir que no está bien a pesar de su lenguaje verbal.

Para ser eficaz a la hora de comunicarte, lo primero que necesitas es ser consciente de tu estado emocional para modificarlo en caso de necesidad. Para lograrlo, es fundamental hacer uso de la empatía y del control de tus pensamientos. Ya hemos visto que cambiando las gafas y la visión sobre lo que está ocurriendo, podemos calmar nuestro estado emocional.

Imagina que tu hijo adolescente no está esforzándose mucho en los estudios y suspende varias asignaturas a pesar de haber estado avisándole que estudiara durante meses. Veamos cómo podrías reaccionar teniendo cuenta la emoción y la comunicación:

Pensamiento 1: «Lo sabía, es un vago, no tiene interés por nada. Estoy agotado de estar encima de él. No se da cuenta de que no va a ser nadie en la vida como siga así. Es un desastre». **Emoción:** ira. **Comunicación:** le dices que es un vago, que no te ha hecho caso y que estás harto de estar detrás de él. El enfado hace que subas el tono más de lo normal y tu cara refleja la decepción que sientes. **Resultado:** tu hijo lo recibe como un ataque y salta a la defensiva. Te contesta y se justifica. Te dice que no le valoras y acaba encerrado en su habitación castigado.	**Pensamiento 2:** «Sabía que esto iba a pasar, está claro que no es lo suficientemente maduro para darse cuenta de lo que necesita. Además, no parece tener mucha motivación para estudiar. No me puedo olvidar que la falta de experiencia y su edad le impiden ver la realidad como yo la veo. A ver cómo consigo conectar y entender por qué no estudia». **Emoción:** serenidad. **Comunicación:** desde esa comprensión, le pregunto qué ha pasado, qué cree que ha fallado, cómo puede mejorar, si puedo ayudar en algo y qué plan tiene para el siguiente trimestre hacerlo mejor. **Resultado:** tu hijo se siente escuchado, se siente libre para reconocer que la pereza le ha superado y que no tiene un motivo claro por el que estudiar. Desde ahí puedes mantener una conversación de escucha mutua para ayudarle a motivarse.

Nuestra comunicación es un arma muy poderosa para bien y para mal. Si comienzas a ser consciente de ello, te ayudará a sacar lo mejor de las relaciones personales y profesionales. A continuación, comparto ideas y herramientas para que te animes a entrenarla:

- **Cuando estás resentido con alguien y te cuesta comunicarte con serenidad,** entiende que el resentimiento desaparece con la compasión y con la empatía. Cada persona carga con su mochila particular y muchas veces no tenemos ni idea de qué hay detrás del comportamiento de esa persona. Recordar esto antes o durante una conversación con esa persona calmará tu estado de ánimo.
- **Antes de contestar, pregunta**. Utiliza las preguntas para saber qué le ocurre a la otra persona. Algunas preguntas tipo: «¿Qué quieres conseguir con esto que me dices o con esto que estás haciendo?», «¿Qué te hace sentir enfado o tristeza?», «¿Puedes contarme qué ha ocurrido?», «¿Cómo puedo ayudarte con esto?», «¿Qué necesitas de mí?» o «¿Para qué me cuentas esto?». Recuerda buscar información que te ayude a no sentirte atacado y a alejarte del estado defensivo.
- **Siempre que puedas, comunícate cara a cara**. Los mensajes de texto o e-mails son peligrosos, ya que te pierdes la comunicación no verbal de esa persona y éstos se pueden malinterpretar con facilidad. Si recibes un mensaje o un correo que te hace sentir mal, te animo a coger el teléfono y hablar con esa persona si no puedes verla. Al menos, podrás aclarar y escuchar su tono para completar la información que hay detrás.
- **Si te encuentras muy enfadado o agotado** es mejor dejar la conversación para otro momento. Puedes pedirle a la otra persona que te permita hablar en otro

momento y distanciarte hasta que hayas podido calmar tu estado emocional. Yo practico esto con mis hijos a menudo y me permite no caer en discusiones con gran carga emocional. Todos, cuando estamos muy cansados o enfadados, somos susceptibles de perder el control y decir lo que no debemos.

- **Ten siempre en cuenta el resultado** que quieres obtener antes de tener una conversación importante. En el ejemplo del hijo que no estudia, si lo que queremos es que entre en razón e intentar ayudarlo a motivarse, entrar atacando seguramente no será lo más efectivo. Sé inteligente y utiliza tu comunicación para impactar como deseas en los demás.
- **Comunicación del hombre y la mujer**. Las mujeres se comunican desde la emoción y los hombres desde la razón (esto no es una norma exacta, pero, debido al funcionamiento de nuestros cerebros, suele darse así). Cuando un hombre expresa una necesidad o tiene un problema, en su comunicación va a buscar soluciones. Sin embargo, una mujer va a buscar ser escuchada y conseguir apoyo emocional. Entender estas diferencias también ayuda mucho, sobre todo en las parejas. Cada día me encuentro con muchas que se quejan de la mala comunicación. Ellas se lamentan del poco apoyo emocional que reciben y de que no son escuchadas; ellos no entienden qué más pueden hacer cuando ya han dado su opinión y han buscado soluciones, nunca parece ser suficiente para su pareja.
- Si eres mujer y necesitas desahogarte, busca alguna amiga o una hermana para hacerlo y comprende que tu pareja estará mejor preparado para ofrecerte soluciones que consuelo. No te sientas mal por ello. No es que no le importe lo que te ocurre, es que utiliza su cerebro para dar soluciones. Si eres hombre, puedes

aprender a dar ese consuelo y dejar que tu pareja te cuente lo que siente. Muchas veces no necesita una solución y con un abrazo puede ser suficiente. No tengas prisa por zanjar la conversación.

- **Comunicación con los hijos**. Muchas veces cometemos el error de olvidar que son niños o adolescentes, no adultos. El cerebro humano no alcanza su madurez hasta los veinticuatro años aproximadamente. Los adolescentes que consideramos impulsivos y poco reflexivos son así porque su cerebro no ha desarrollado todavía la capacidad del autocontrol y el pensamiento reflexivo de un adulto. Les exigimos que piensen y actúen como nosotros. Además, nos presionamos con la exigencia de crear seres perfectos, que no se equivoquen y que sean reflejo de esa persona ideal que hemos creado en nuestra mente. Con esas creencias sólo conseguimos alejarnos de la comprensión y la empatía. Ponerse en el lugar de nuestros hijos comprendiendo su edad, su momento y su necesidad nos va a permitir conectar con ellos y proporcionarles un apego seguro. No ridiculizar sus problemas, escucharlos respetando sus emociones y educar con firmeza pero con serenidad es fundamental. Vas a tener mucho más afecto en tus hijos comunicando desde este prisma que desde el enfado, los gritos o el castigo. Por otro lado, no olvidemos que los seres humanos aprendemos cuando nos equivocamos. Es sano dejar que tus hijos se equivoquen, que metan la pata, que suspendan... En definitiva, que aprendan de sus propios errores y de las consecuencias de sus decisiones. Por supuesto, siempre que no suponga una consecuencia grave y peligrosa para ellos. Permite que tomen decisiones y, luego, reflexiona con ellos y ayúdalos a ser conscientes de por qué las cosas no han salido bien.

> Y no olvides que tus hijos son seres independientes que poco a poco seguirán su camino y se convertirán en la persona que ellos quieren ser, no en la que tú quieres que sean. Transmite tus valores desde el ejemplo y desde la comunicación emocional efectiva para conectar con ellos.

Recuerda que cuando tu comunicación se convierte en una guerra de egos es difícil llegar a buen puerto. Lo que es bueno para el ego es malo para el ser.

10

Will: de la intención a la acción

Estamos aquí, en el último capítulo, casi el más importante. ¿Por qué? Porque si una vez que hayas terminado de leer no pasas a la acción de manera inmediata, este libro no te habrá servido para mucho. Es verdad que tendrás más conocimiento y consciencia de algunos temas que son fundamentales, pero, si de verdad quieres un cambio, es imprescindible que sigas entrenando y practicando para mejorar tu mente emocional el resto de tu vida.

Con esto no pretendo agobiarte. El concepto «el resto de tu vida» puede parecer abrumador, pero, si planificas bien cómo hacerlo, el esfuerzo es menor.

Al principio, entrenar nuestro cerebro puede resultar lento y requiere de un esfuerzo consciente, pero, a medida que vayas repitiendo conductas, irás creando nuevas rutas neuronales y funcionarás con tu nuevo piloto automático mejorado. Irás actualizando tu software a mejores versiones cada año.

Nuestro cerebro aprende por repetición. Piensa en algo que hayas tenido que aprender como conducir, montar en bicicleta, incluso andar (aunque no lo recuerdes). La primera vez que te subes a un coche o una bicicleta tienes que poner toda tu atención en lo que haces. Tu cerebro se concentra y produce un gasto de energía extra, porque tiene que hacer algo nuevo y desconocido. Pero ¿qué ocurre con el tiempo? A base de repetir y repetir, practicar y practicar, finalmente la nueva ruta neuronal está creada y podemos manejar un coche o una bicicleta en piloto automático y sin esfuerzo.

Lo mismo ocurre con tus pensamientos y tus emociones. Si tienes tendencia a enfocarte en lo malo, llegará un momento en que no conseguirás ver lo bueno. Sólo creando una ruta que centre tu atención en lo bueno cambiará tu perspectiva automática sobre ese contexto. Si te secuestra una emoción demasiado a menudo, conseguirás reconducirte hacia la emoción que te es más útil rápidamente si enseñas a tu cerebro cómo hacerlo. Pero esto sólo es posible si pasas a la acción.

En este capítulo te voy a ayudar a hacer un plan de acción infalible y a reforzar la motivación para que no tires la toalla. Quizá en estos momentos estés dudando de si vas a ser capaz de lograrlo. Quizá tu querido «lobo» esté ya sacando los dientes para hacerte creer que no puedes. Que si tu edad, que si eres como eres, que si ya es tarde, que si no vas a tener tiempo... Un sinfín de excusas para desanimarte. Recuerda que si estás en ese punto, la intención de tu «lobo» es que no gastes energía en algo que requiere esfuerzo. Tu «lobo» quiere seguir como está porque no le importa tu felicidad, pero a ti sí. Tú quieres dejar la adicción a los pensamientos y emociones destructivos y lo vas a lograr.

¿Y cómo lo sé? Porque existe evidencia científica de ello. La capacidad de generar nuevas rutas neuronales es una habilidad que tenemos todos los seres humanos a cualquier edad. Esa habilidad es la **neuroplasticidad** y quiero mostrarte en esta fotografía lo que puedes crear en sólo dos meses si te pones en acción.

Ilustración 8. Redes neuronales

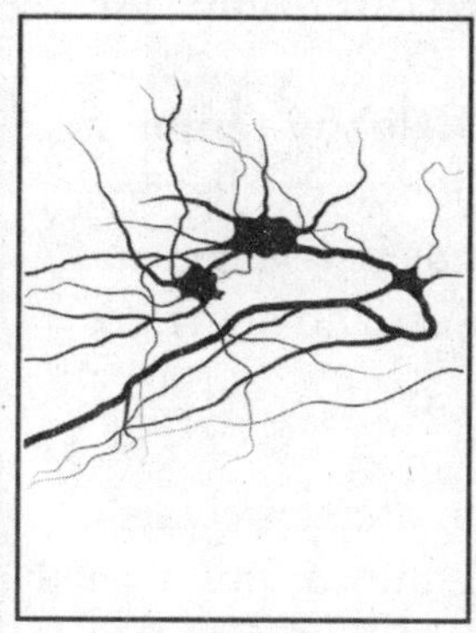

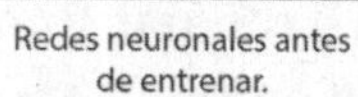

Redes neuronales antes de entrenar.

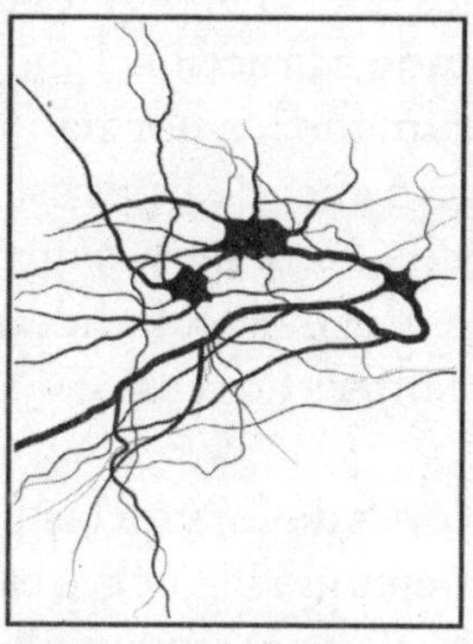

Redes neuronales dos semanas después de la estimulación cognitiva.

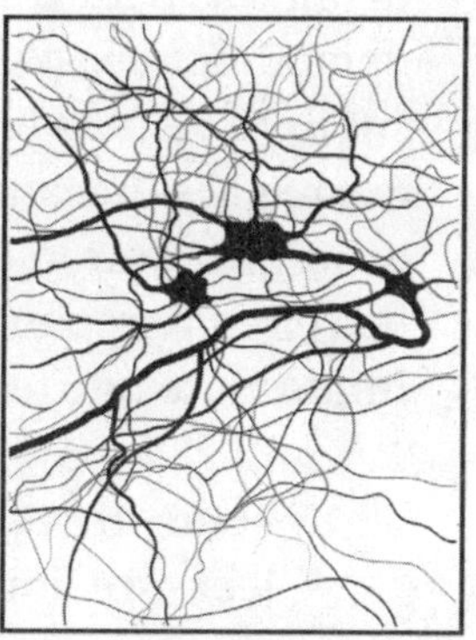

Redes neuronales dos meses después de la estimulación cognitiva.

Fuente: © Salomart a partir de «Representaciones iconográficas: Neuroprocesos recurrentes durante la enseñanza-aprendizaje de las ciencias naturales mediante didácticas iconográficas», ResearchGate.

Cada vez que se produce una activación de un circuito emocional, se está produciendo una activación entre varias neuronas. Imagina que tu cerebro está formado por infinidad de ríos que se comunican entre sí. Unos llevan torrentes de agua y otros son pequeños riachuelos con apenas caudal. Nuestro cerebro aprende rápido y, en función de las experiencias que has vivido, va llevando el agua que cae del cielo (los estímulos) utilizando los ríos más comunes y los más grandes, pues es más fácil para él llevar el agua por esos ríos que ya existen que crear nuevos ríos de la nada. De esa manera, consigue ahorrar energía por si la necesita para otras ocasiones. Toda esa «agua» son patrones mentales y de comportamiento que adquirimos. Cuanta más agua, más rápidos e inconscientes son esos patrones y más difícil resulta frenarlos.

Nuestro gran poder consiste en poder crear los nuevos «afluentes» de manera consciente.

La creación de dichos afluentes representa la creación de nuevas conexiones neuronales en tu cerebro y todos podemos lograrlo pasando a la acción.

Si te sientes abrumado, es normal. El «lobo» también existe para que ahorres energía y por eso nos cuesta llevar a cabo y no tirar la toalla los objetivos que nos parecen grandes o requieren mucho esfuerzo. Para que esto no ocurra es importante que te plantees dos cosas:

1. ¿Qué necesito? Cada una de las personas que vais a leer este libro, cuando lleguéis a este punto, vais a ser conscientes de diferentes necesidades. Trabajar una serie de creencias, reforzar y entrenar la empatía, conectar más con las emociones o conseguir desconectar de ellas... Cada uno de nosotros debemos saber qué necesitamos antes de ponernos en acción.
2. ¿Cómo lo consigo? Una vez que tengo claro qué quiero conseguir, voy a buscar las herramientas que necesito para lograrlo. En este libro te he proporcionado algunas, pero existen muchas más. Puedes conectar conmigo en redes y seguir aprendiendo por el camino. Lo importante es que tengas claro cómo vas a entrenar.

También necesitas diseñar un plan de acción eficaz para organizarte sin morir en el intento. Recuerda que si lo haces muy complicado, tienes muchas posibilidades de abandonar. Un buen plan de acción es efectivo cuando al verlo te sientes capaz y con ánimo. Para ello hay que saber cómo adaptarlo a tu personalidad y a tu situación personal.

10.1. Crea un plan de acción infalible

Lo primero que necesitas entender es que el plan es *tu plan*. Es decir, no puedes compararlo con el de nadie más, pues cada uno tenemos una forma diferente de hacer las cosas, unos ritmos distintos y unas circunstancias personales particulares. No es lo mismo trabajar todo el día y tener que cuidar a tus hijos cuando llegas del trabajo que ser soltero y tener más tiempo para ti. Por lo tanto, el plan que definas estará bien siempre que te produzca ilusión y lo veas viable.

Para conseguir un buen plan de entrenamiento, te recomiendo definir las siguientes ideas:

1. Pensar.
Esta fase tiene cuatro etapas:

- **Qué quiero conseguir**. Ahora es el momento de revisar tu perfil y el trabajo que has realizado con tus valores, la rueda de la vida, creencias, pensamientos... Con esa información vas a definir objetivos concretos.

  Para definir un objetivo de manera correcta te recomiendo lo siguiente:

  - **Que el objetivo siempre esté definido en positivo**. Es decir, no escribas lo que no quieres, sino lo que sí quieres. Por ejemplo, un objetivo en negativo: «Quiero dejar de gritar a mi hijo». En positivo: «Quiero mantener la calma cuando mi hijo no ordene su habitación».
  - **Sé lo más específico posible**. Quiero cambiar de trabajo es un objetivo genérico. Quiero trabajar en una pyme como director de cuentas, con un sueldo X y un horario de ocho a tres sería un objetivo más específico.

- **Medible**. Piensa en cómo vas a medir que estás en el buen camino para lograrlo. En el caso de los gritos, por ejemplo, puedes anotar las situaciones en las que más pierdes el control e ir apuntando cuando consigues serenarte para llevar un seguimiento objetivo.
- **Realista**. Que lo puedas conseguir. No gritar nunca más a tu hijo quizá sería demasiado. Pero, de gritar todos los días a permitirte gritar una vez al mes, es un gran logro.

Definir así tus objetivos te ayudará en general en cualquier tema que te plantees en tu vida, te ayudará a tener enfoque e ilusión por tu objetivo y a poder valorar y celebrar tus logros.

- **Para qué quiero conseguirlo**. Tres razones importantes de peso que van a ser el anclaje cuando tengas la tentación de tirar la toalla. Cuando tu motivo es fuerte, tu motivación será mayor. Igual que hicimos con el objetivo, es importante intentar ser lo más específico posible a la hora de plasmar esas razones. No es lo mismo dejar de fumar por mi salud que dejar de fumar porque quiero poder jugar con mi hijo al escondite sin que me falte el aire.
- **Qué obstáculos me lo impiden**. A la hora de entrenar tu mente, los obstáculos son aquellos disparadores que te impiden avanzar y que has detectado durante la fase del autoconocimiento. Una creencia, un rasgo de tu personalidad, el ego de tu eneatipo, tu manera de gestionar las emociones, una voz interior que no te ayuda... Detectar el obstáculo es fundamental para luego decidir con qué herramientas lo vas a solucionar. Intenta que los obstáculos sean siempre algo sobre lo que

tú tienes poder de acción. Las cosas que no puedes controlar no las escribas aquí, pues no sirve de nada si no tienes influencia sobre ellas. Por ejemplo, si tienes un conflicto con alguien, describe los obstáculos a los que te enfrentas tú y que te impiden mejorar esa relación. No pretendas cambiar al otro.

- **Cómo lo voy a solucionar**. Qué herramientas tengo para entrenar mi mente y conseguir que los obstáculos se minimicen. Realizar un curso, entrenar el pensamiento objetivo, ser consciente de los sesgos, escribir para sacar mi inconsciente...

2. Planificar.

En la fase de planificación vas a decidir cuándo vas a utilizar la herramienta y durante cuánto tiempo. Es importante que definas bien esta parte. Si vas a escribir, qué días y durante cuántos minutos, en qué contexto o situación...

Si no dejas esto bien definido, lo más seguro es que te comerá el día a día y acabarás olvidando tu plan. Intenta reservar los espacios y protegerlos. Ponlos en tu agenda y ten días concretos para las cuestiones más importantes. Si vas a hacer deporte para calmar la ansiedad, define qué días de la semana y qué deporte vas a hacer e intenta que esos días se repitan para que se conviertan en tu nueva rutina.

3. Perseverar.

En esta fase lo que pretendo es que no tires la toalla.

Una vez a la semana revisa tu plan y toma conciencia de si has conseguido hacer lo que te habías propuesto. Si lo has logrado, celébralo. Si no es así, piensa qué te ha impedido hacerlo.

Analiza honestamente lo que ha pasado. A veces sentimos pereza o puede que no realicemos un ejercicio porque no queremos enfrentarnos a ello. Detectar esto es fundamental para luego poder establecer áreas de mejora. Por ejemplo, si te habías propuesto escribir por la noche cinco minutos y no lo has cumplido porque estabas tan cansado que te has dormido, puedes cambiar el horario e intentar la siguiente semana escribir a mediodía. De esta manera, podrás hacerte dueño de tu éxito y no culpar al entorno. Es cierto que al principio puede parecer abrumador, pero una vez te acostumbras a gestionarte y planificarte, verás que cada vez será más sencillo, pues tu cerebro, no lo olvides, aprende con la repetición.

Te dejo aquí un cuadro con ejemplos de cómo podrías organizar tu plan de acción infalible:

Es importante que el mensaje que le des a tu mente es que ésta siempre puede dar un poco más. Enfocarte en el sí y dar pasitos cada día. No necesitas grandes logros en una semana. Si tu plan es demasiado ambicioso, puede ocurrir que abandones porque no lo has cumplido del todo y no eres capaz de ver lo que sí has logrado. Esto les ocurre mucho a los perfeccionistas y a las personas centradas enfocadas en la acción. Recuerda que lo importante es que hayas hecho algo, y no tanto si ha sido mucho o poco.

10.2. Persiste y triunfa

Para persistir es fundamental saber qué ha ocurrido cuando no has conseguido cumplir con tu plan. Sólo así podrás activar un plan de mejora que te ayude la siguiente semana a lograrlo.

Para hacer un buen análisis de lo que te impide conseguir tus objetivos, puedes tener como base tres aspectos:

1. **Tu personalidad**. ¿Qué has aprendido sobre ti que no te impulsa hacia donde quieres ir? Por ejemplo, si eres un eneatipo 3, puede que tu obsesión por tener y mostrar tu éxito te esté apartando de disfrutar de tus logros o de compartir relaciones profundas. Puede ser que debido a tu modelo de apego te cueste abrirte a los demás y eso te impide tener la relación que deseas con tus hijos o con tu pareja. Una creencia que potencia tu inseguridad, que te esté dificultando hacer cambios...
2. **Tu diálogo interno**. Lo que te cuentas sobre ti, sobre los demás y sobre lo que ocurre en el mundo. Qué lenguaje estás utilizando en tu día a día. Conozco personas que están tan asentadas en la queja, por ejemplo, que son incapaces de valorar nada de lo bueno que tienen. Si eres muy exigente contigo y tu lenguaje se basa en «tengo que...», «debería...», estás transmitiendo presión a tu «lobo». Lo mismo dicho con otras palabras te puede ayudar a sentirlo de manera diferente. Toma consciencia de ese diálogo para repararlo en caso de necesidad.
3. **Coherencia**. Detecta dónde no estás siendo coherente. Si tu vida se corresponde con tus valores, si priorizas lo que de verdad es importante para ti, si tu rueda de la vida gira o no... Para vivir con coherencia, necesitas detectar dónde no hay equilibrio.

Con toda esta información, puedes elaborar tu **esquema de personalidad**. Puedes dibujar un cuadro similar a éste y tenerlo como referencia cuando realices tu plan de acción.

Ilustración 9. Esquema de personalidad

Mi personalidad

Genética - Eneagrama
Aprendida - Creencias, modelo apego emocional

Mis factores de estrés

Mi voz interior - Qué digo y cómo lo digo
Incoherencias - Valores, prioridades, hábitos, motivación

Mis relaciones

Empatía
Comunicación eficaz

Mis fortalezas

Fuente: Elaboración propia.

Recuerda: no puedes construir tu futuro con buenas intenciones, ACTÚA.

11

Un cierre con impacto para tener una vida BEGROW

El 3 de enero de 1993 mi abuelo estuvo clínicamente muerto unos minutos debido a un infarto de miocardio. Los médicos consiguieron revivirlo y todos fuimos felices, pero él más que nadie. Nos contó entonces que había experimentado la muerte como algo grande que le cambió su percepción de la vida. Más tarde comprendimos que eso había sido una ECM (experiencia cercana a la muerte).

Desde entonces, he sentido gran curiosidad por estos temas y más desde que mi madre nos dejó. He leído y escuchado cientos de testimonios de personas que han pasado por esas experiencias. Personas de países y creencias muy distintos. He escuchado testimonios de médicos, científicos, ingenieros, ateos y personas con creencias religiosas... y las historias coinciden en gran cantidad de detalles.

Seguramente te estés preguntando para qué te hablo de esto ahora. No se me ha ido la cabeza, no, he querido traer este tema porque para mí fue de mucha ayuda a la hora de comprender quién soy y cómo mi mente y mi cuerpo pueden desvirtualizar esa información. Esto me ha ayudado a sentirme en paz a pesar de los momentos en los que la vida me ha apretado. Por eso quiero compartirlo contigo, espero que sea útil también para ti.

En todas las historias diferentes de las ECM, prácticamente todas las personas que las han experimentado coinciden en varios puntos. Cuando dejamos este cuerpo, nuestra esencia se manifiesta con una conciencia muy clara. Una conciencia de nosotros mismos que nos permite reconocernos tal como somos en realidad: **amor, libertad y paz absoluta. Sin limitaciones**. Somos mucho más que lo que percibimos a través de nuestra mente humana limitada.

Puedes creer o no en que existe algo más después de la muerte. No pretendo entrar en las creencias de cada uno. Lo que deseo es exponer de manera objetiva este concepto que tantas veces he escuchado de los testimonios de estas personas, incluido mi abuelo.

Nuestra esencia como seres humanos va mucho más allá de un cuerpo y una mente físicos. Somos energía y, como sabemos científicamente, la energía ni se crea ni se destruye, se transforma. Esa energía transformada en conciencia se filtra a través de nuestro cerebro, como he desvelado en este libro, y nos hace sentir a través del cuerpo.

Imagina que no existiesen esos filtros. Que pudieses percibir tu grandeza y la del universo, el amor hacia ti y el de los demás sin límites. Seguirías siendo tú, ¿verdad? Pero con otra perspectiva de la realidad. Ésta es la idea que me ha ayudado a modificar mi percepción sobre la vida, sobre mí misma y sobre los demás.

Cuando pienso en ello y lo visualizo, me veo como el ser grandioso que soy, con todo mi potencial, que se encuentra «encapsulado» en un cuerpo y una mente que necesitan aprender y evolucionar para disfrutar de esa grandeza.

Esta visión del ser humano me ha permitido quitar poder a mis pensamientos y emociones destructivos, porque entiendo que simplemente son un mecanismo de defensa con errores de programación. No me identifico con ellos y no les doy poder.

Quería cerrar este último capítulo con esta visión e invitarte a reflexionar sobre ello. En los momentos en los que te sientas atrapado por esas emociones y esos pensamientos y dudes de ti, no olvides que tú no eres esas emociones.

Para terminar, no quiero dejar de compartir aquellos conceptos que me gustaría te grabases a fuego a partir de hoy y que resumen en parte todo el viaje que hemos realizado juntos a través de este libro:

Somos más que un cerebro que a veces no entiende nada. Tu esencia y tu mente no siempre se comprenden, pero no olvides que tú tienes la capacidad de sacar tu esencia y de no quedarte atrapado en sus limitaciones. Tu cerebro es moldeable y también puede ayudarte a sacar lo mejor de ti.

Conócete para aceptarte y, después, superarte. El autoconocimiento no es una moda sin más. Únicamente conseguirás crecer si demuestras la valentía para iluminar esas zonas tuyas oscuras que te impiden brillar. Conocerse de verdad supone aceptar todo lo que vas a encontrar, comprendiendo que todo ello forma parte de tus programas mentales sin más. Tener la humildad de preguntar a otros en qué puedo mejorar para salir de la enfermedad del «Yo lo hago bien» y pasar a otro nivel, al de «Yo siempre puedo mejorar».

Es desde la distancia donde tienes el poder de elegir la respuesta. Tomar distancia para tener perspectiva. Como un pintor que se aleja del lienzo para contemplar su obra. Tomar distancia nos ayuda a relativizar y a hacernos una idea más global de lo que está ocurriendo. Recuerda que cuando mantienes tu atención en el detalle, en el problema, en ti o en lo que te afecta, es complicado encontrar serenidad y soluciones. No olvides tomar distancia con respecto a tus pensamientos y emociones para quitarles poder cuando sea necesario. Tomar distancia entre la emoción y la acción también te proporcionará mejores resultados y te ayudará a seguir tu camino.

Date la oportunidad de actuar por tus valores y no te limites a responder ante una emoción. Tus valores te definen y te guían. Siempre que tengas claro que estás viviendo en función de ellos, conseguirás una mayor serenidad con independencia de los resultados que obtengas. Son el faro que nunca debes perder de vista.

Lo que te cuentas cuenta. Cuida tu lenguaje. No olvides el poder de la palabra. El cerebro empatiza y se cree lo que le dices. Cuida tu diálogo interno y también lo que le dices a los demás. Hablarse con amabilidad y empatía es clave para el entrenamiento mental. Cuida y pon atención a las palabras que más utilizas para eliminar de tu piloto automático aquéllas que sobran. Y lo mismo con lo demás. Las palabras tienen el poder de hacer sentir al otro. Las palabras se olvidan, pero no olvidarán cómo los haces sentir.

Ser, saber, hacer y tener para luego trascender. Y no al revés. Vivimos en una sociedad en la que utilizamos el hacer para tener, olvidándonos del ser y el saber. Si te olvidas de tu esencia, de tu ser, y no sabes qué deseas o cómo puedes y quieres trascender, lo más seguro es que tropieces y avances por caminos equivocados. Nunca te olvides de quién eres y nunca dejes de aprender y avanzar. Que tu mente no busque atajos ni monotonía.

El ego nos hace olvidar que lo que somos es más que suficiente. El ego (o tu «lobo») te ayuda a sobrevivir. Es importante que exista, pues nos ayuda a avanzar y a superar obstáculos. Pero no olvides que también es un maestro del autoengaño y la justificación. Sigue entrenando para detectar cuándo tu ego entorpece tus planes de mostrar quién realmente eres. Ese ser iluminado lleno de amor que está aprendiendo. Que puedas aprender y mejorar no significa que no seas ya suficiente.

El riesgo cero no existe. La vida color de rosa tampoco. No los persigas. Tu cerebro es inteligente pero también es perezoso por naturaleza. Si se lo permites, buscará vivir permanentemente en el día de la marmota, buscando la seguridad absoluta y aniquilando tu crecimiento. No se lo permitas, no tengas expectativas imposibles. Es más inteligente aceptar que nadie controla el futuro y aprender a gestionar los golpes de la vida cuando llegan con serenidad.

Queremos tenerlo todo para disfrutar de la vida y lo que no vemos es que tenemos la vida para disfrutar de todo. Vive a través de la filosofía BEGROW. Amplía tu visión sobre ti y sobre el mundo, no te quedes con la primera respuesta, entrena tus emociones para que te impulsen, define quién eres y lo que te hace feliz de verdad, mantén tus prioridades en orden, detecta tus limitaciones, aprende a relacionarte de manera efectiva desde la empatía y nunca, nunca, dejes de actuar.

BEGROW va más allá ser un modelo de autoconocimiento y entrenamiento mental. Es una filosofía de vida. Puedes decidir si quieres seguir metido en la rueda de hámster o comenzar a vivir con más consciencia.

Para impedir que mi cerebro perezoso vuelva a lo de siempre, yo práctico un ejercicio diario que me ayuda a volver cuando me pierdo. Cada noche me hago una pregunta: «¿Qué he hecho hoy que me acerca a mis objetivos?». Si no encuentro nada, me he alejado y, al día siguiente, me aseguro de poner en práctica algo diferente. Si lo he hecho, lo celebro.

Finalmente, tengo que darte la enhorabuena de nuevo. Hay que ser muy valiente para mirarse dentro. Has llegado hasta aquí y es algo que ya puedes celebrar. Un paso más en tu avance hacia ser y saber.

Y jamás olvides que no estás aquí para sobrevivir, estás aquí para vivir.

Agradecimientos

¿De verdad he llegado hasta aquí?

No sé si lo habría logrado sin el cariño y el apoyo de muchas personas que tengo el privilegio de tener a mi lado. A todos os doy las gracias desde lo más profundo de mi ser.

A Álvaro, mi compañero de vida. Eres la persona que primero me ha venido a la cabeza y no es por casualidad. Has sido mi fan incondicional desde el día que decidí emprender y dejar mi trabajo fijo. Tenía cuarenta años y tres hijos. Desde entonces, nunca has dudado de mí. Hasta en los momentos difíciles en los que ni yo tenía claro qué hacer, tú has sido mi pilar, mi confidente, mi aliento. Gracias por comprenderme y respetarme, gracias por quererme como soy, gracias por no soltar nunca mi mano, gracias por la vida que hemos creado juntos.

Gracias a mis hijos Jaime, Alejandra y Álvaro. Porque me habéis aguantado todos mis «rollos» con paciencia infinita. Sois el motivo por el que cambié el rumbo de mi vida, porque quería ser una madre presente y dejaros un aprendizaje de vida y, al final, resulta que soy yo la que aprendo de vosotros cada día.

A mis compañeras y compañeros de vocación y amigos, que desde el primer día me abristeis vuestro corazón y sin conocerme de nada me habéis dicho siempre que sí. He aprendido mucho de todos vosotros pero sobre todo me hacéis sentir que estoy donde tengo que estar, porque os he conocido: Cata, Ana Asensio, María Fernández, Anne, Diana Jiménez, Julio de la Iglesia, Javier Dolls, Kike Jurado, David Gómez, Margui Álvarez, Ana Jiménez, y tantos otros que sabéis quienes sois... Soy muy afortunada.

Y, por supuesto, a ti Carola, mi editora. Guau... Esa confianza que has tenido en mí me abruma. Si hubiera sabido lo bien que fluiría todo contigo, ¡habría adelantado este proceso unos años!

Enormemente agradecida a Isabel Rojas Estapé por haber aceptado el reto de escribir el prólogo y por todo lo que me has acompañado este último año. Gracias también a Marian Rojas, tu hermana, y a María. Dejadme deciros que hacéis un equipo que toca corazones además de sanarlos. Os admiro y os adoro.

No puedo dejar de dar las gracias también a cada una de las personas increíbles que habéis confiado en mí para ser vuestra mentora durante estos años. Me habéis entregado vuestra confianza plena y me habéis permitido caminar con vosotros hasta llegar a vuestros rincones más oscuros, aunque también los más bonitos. Tengo grabadas a fuego cada una de vuestras sonrisas cuando os habéis reconocido como lo que sois: seres humanos maravillosos y valientes que no permitisteis que nada os impidiese encontrar la paz y la felicidad. Os admiro profundamente y siempre os llevaré en mi corazón.

Antonio, Juan y Javier, mis hermanos del alma. Sé que parte de este libro os sonará a chino, pero haber crecido con vosotros me ha hecho valiente y, gracias a esa valentía, estamos aquí. Os quiero.

Al resto de mi familia, en especial a mi tía Pachi, y a mis amigas del alma. No tengo hermanas biológicas, pero con cada una de vosotras he sentido que las he tenido.

A Paco, mi suegro, por hacer el filtro inicial y conseguir que el primer manuscrito fuese mucho más decente con tus correcciones literarias.

Marisa, gracias por complementarme con tu creatividad y por entregarte con el diseño de la portada con tanto cariño. Te admiro.

A mis padres porque me habéis dado el mejor regalo del mundo: la vida. Ésa de la que disfruto cada segundo, porque no hay mejor regalo en el mundo que dar la vida a alguien.

Mamá, este libro va por ti. Cuando pienso en la grandeza del ser humano, te veo a ti. Supiste disfrutar de los pequeños detalles y entregar tu amor incondicional sin pedir nada a cambio. Un día te prometí que iba a hacer lo posible por parecerme a ti. Todavía me queda camino, pero estoy en ello. Como decía la madre Teresa: «No permitas que nadie se aleje de tu presencia sin sentirse mejor y más feliz». Eso tú supiste hacerlo de maravilla. Te quiero.